跟我说普通话

pǔ tōng huà

王浩瑜 著

FOLLOW ME TO SPEAK

PUTONGHUA

本书的视频内容作为教材在
中国教育电视台空中课堂频道和
英国普罗派乐卫视频道播出
本书音频内容由王浩瑜主讲

中国国际广播出版社

图书在版编目（CIP）数据

跟我说普通话 / 王浩瑜著. —北京：中国国际广播出版社，2016.9
（2020.12重印）
ISBN 978-7-5078-3894-7

Ⅰ.①跟… Ⅱ.①王… Ⅲ.①普通话—语音②普通话—发音 Ⅳ.①H116

中国版本图书馆CIP数据核字（2016）第162125号

跟我说普通话

著　　者　王浩瑜
责任编辑　杜春梅
版式设计　国广设计室
责任校对　徐秀英

出版发行　中国国际广播出版社［010-83139469　010-83139489（传真）］
社　　址　北京市西城区天宁寺前街2号北院A座一层
　　　　　邮编：100055
网　　址　www.chirp.com.cn
经　　销　新华书店
印　　刷　环球东方（北京）印务有限公司

开　　本　640×940　1/16
字　　数　270千字
印　　张　20
版　　次　2016年9月 北京第一版
印　　次　2020年12月 第四次印刷
定　　价　38.00元（含CD一张）

CRI 中国国际广播出版社　欢迎关注本社新浪官方微博　官方网站 www.chirp.cn

推荐一本好书（代序）

王浩瑜的专著《跟我说普通话》出版以后，受到广大读者的欢迎，销路很好。我通读了一遍，感觉特色鲜明、文笔晓畅、解析清楚、录音生动，确是一本引人入胜的好书。

浩瑜毕业于中国传媒大学播音专业。毕业后，一直从事广播电视播音和主持工作，兢兢业业，至今没有丝毫懈怠。他声音浑厚朗润，表达质朴清新，播出过许多重大的、感人的节目。他还担任几所大学讲授播音主持课程和北京人民广播电台普通话培训课程的教师，也曾受邀赴国外进行普通话的讲学。多年实践和教学的历练，他精心积累了掌握普通话的丰富经验，深入研究了阐释普通话的通俗语汇，获得了累累硕果。这本书，正是他的心血结晶。

这本书的最大特点是“跟我说”。在条分缕析地细致讲解内容的过程中，把“说好普通话”作为一根红线，贯穿始终。没有深奥的理论表述，没有空洞的冗余说教，而是细心周密地讲明要点，循序渐进地指引练习。那些辅音、元音、声调、语调，那些气息共鸣、口腔控制，那些语流音变、训练要领，既有共同的理论依据，又有自己的见解和体会，更有针对问题的解决方法，如同面对面娓娓道来，一步一步跟着他走、跟着他说。比起冗长的术语堆砌和一个又一个图表，明确和实用得多。

其次，这本书还有简要的知识介绍。无论是普通话的来历，还是普通话的功能；无论是诗文的背景，还是表达的提示，给人以讲古论今、旁征博引的印象，似乎遨游在普通话的多彩世界里，不觉疲惫，不感枯燥，总是收获颇多、感悟颇深。

再次，这本书还扼要地列出了各地方言的特点、与普通话的主要差异，供方言区的人们学习时参照。特别是关于普通话走向世界的大趋势、部分外国人学习普通话时存在的主要问题，都有清晰而精到的叙说。这样，不但增强了学习普通话的信心，激发了民族自豪感，而且有利于普通话向全世界的普及。

最后，相关内容的录音示范，极大地提高了学习普通话的效率。“口耳之学，幽眇难知”，光是看文字的说明，很难体会到其中的要义。一旦听到如何发音、如何表达，就十分直接地感受到了“诀窍”，甚至会“茅塞顿开”。而王浩瑜的语音纯正、表达准确，又给书面文字增添了声音的魅力，可以说是“事半功倍”、“锦上添花”。

关于学习使用普通话的书籍，汗牛充栋，各有各的长处。王浩瑜的《跟我说普通话》，是其中既有文化含量，又有技术含量的上乘之作。本书还有白岩松、孙小梅、阿丘等的推荐，也使这本书增色不少。

当然，如果还有篇幅，应该进一步把普通话作为“国家通用语言”的规范意义和审美价值加以融合，并增加录音的内容。

我们在推广普通话的工作中，还有很长的路要走。希望出现更多的精品教材、学术著作，那么，我们就会快步进入“语同音”

的时代，让“黄钟大吕”响彻全世界。

张　颂

2010年3月15日

张颂（1936—2012）播音界泰斗，长期从事播音主持教学与研究工作，以治学严谨著称。曾任中国传媒大学播音主持艺术学院院长，著述颇丰。

自 序

《跟我说普通话》马上将由中国国际广播出版社再版发行。此次再版，把张颂老师生前所写《推荐一本好书》一文作为本书的代序。之所以要再加上一篇自序，是因为一路走来，浩瑜心存太多感激。感谢我的恩师和我遇到的每一位曾经帮助过我的有缘人。然而，浩瑜愚钝，不会说，只会去做。已步入生命之秋的我，从哪里来到哪里去，心中渐渐明晰，如夜空中一轮明月般月光泻地。

时光荏苒，这次《跟我说普通话》再版距离第一次出版已经相隔七年。我的思绪又回到2009年11月那个初冬的上午。当时我拿着利用一年业余时间在病中完成的20万字《跟我说普通话》的书稿，来到中国传媒大学出版社，走进编辑部向一位从不认识、名叫赵欣的编辑咨询："您好，我想出一本书，是这样的内容……"赵欣听完介绍，说："您等等，我把社长叫来，咱们一起谈！"出人意料的是，书稿内容介绍完毕，蔡翔社长毫不犹豫，当即拍板："书我们出了！"

直到2010年的2月，第一次写书的我才战战兢兢地将《跟我说普通话》呈到自己的大学老师张颂手里，请导师批评指正。张颂老师原是中央人民广播电台播音员，后调入北京广播学院任教。作为国家级教学名师，张老师长期从事播音主持教学与研究工作，以治学严谨著称。他不仅是我国著名汉语语言专家，还是中国播音学、中国朗读学的奠基人。

我诚惶诚恐地等待着导师的反馈。3 月 15 日，张颂老师打来了电话："浩瑜，我不会吹捧人，你的确写了一本好书，我要向大家推荐！希望你能继续写下去！"之后便收到了张颂老师为该书所写的一篇文章《推荐一本好书》。时至今日，我仍然清晰地记得当我读到张颂老师的文章，看到尊敬的导师对自己的肯定时，自己内心的激动。读到张老师对本书的那些中肯评介，字里行间都透露出他对我写作这本书初衷与目的的明了与支持，不禁使我的内心涌起了一股股暖流。

我和张颂老师常常就一些问题进行探讨。有一次在谈到汉语发音为什么要讲求"字正腔圆"时，张老师问我怎么看？我说，中国人要求做人要端正，言为心声，我们说话时的字音当然也要正。中国人做事讲求和谐，讲求外圆内方，同时腔圆也是汉语独有的一种音韵美，因此我们在发音时应该圆润好听。张老师听后很高兴，他说，你应该把这些见解都写进去。

2012 年春节后，张颂老师被查出患了癌症。当时，我的另一部著作《魅力中国话》的写作已进入后期。一天，我接到了老师的电话："把书稿送来给我看看。"之后张老师直到逝世也没有跟我说什么。后来，我是从这本书的编辑那儿知道，张老师默默地为这本书写了一篇很长的序言，直接交到了出版社。

"中国话，多年以来，写在书面上，挂在口头上，似乎习以为常了，但是很少确立她的正统地位。王浩瑜在《魅力中国话》中，正式地、郑重地提出这个问题，不但显示出作者高屋建瓴、海纳百川的战略眼光，而且彰显了以汉民族共同语为表征的中华民族文化传承与时俱进的精神。”读着张颂老师逝世前在病榻上为《魅力中国话》写的序，我的眼睛突然湿润，潸然泪下。说真的，关于中国话的提法，在当时是存在很大争议的，但张颂老师不但坚决支持我的观点，而且在他逝世前夕亲自作序，这怎能不使我动容。

从我 1985 年入学第一次见到张颂老师直至他 2012 年辞世，我与张颂老师相识近三十年。张老师待我亦师如父，在学业上培育我，在工作上指导我，在人生的道路上引领我。在张老师离开我们的这些日子里，张老师的音容笑貌经常浮现在我的脑海里。我觉得张老师没有离去，好像他在冥冥之中一直关注着我、护佑着我、激励着我。

我是西安人，小时候曾因不会说普通话而被小朋友们嘲笑。今天能著书立说，当上国家电台的播音员，这一切都来自像张老师这样的恩师的教育和培养。感谢张老师！感恩一切培养我、帮助我的老师们、朋友们！我们在推广普通话的工作中，还有很长的路要走。希望我能不辜负张老师的期望，在“语同音”的历史进程中，传承中华民族的文化精髓，弘扬中华民族的浩然正气，融入“为天地立心，为生民立命，为往圣继绝学，为万世开太平”的伟大洪流之中，自豪地去迎接民族复兴时代的到来。

王浩瑜

2016 年 6 月 9 日端午

目录

上篇 | 怎样说一口纯正的普通话

下篇 | 怎样说一口好听的普通话

第一章 科学用声原理及嗓音保护

第二章 富有魅力的声音标准及追求

第三章 气动则声发

上篇

怎样说一口纯正的普通话

第一章

普通话概说

一、什么是普通话

我们每天都要说普通话，但并不是每一个人都能够确切地说清楚何谓普通话。正如《中庸》里所讲的“人莫不饮食也，鲜能知味也”。普通话说得好的人会觉得，自己的普通话已经讲得挺好的了，有什么必要非要搞清楚什么是普通话呢？而普通话说得不好的人也会认为，自己连普通话都说不好，明白普通话的定义又有何用呢？其实，不管我们自己的普通话说得好坏与否，都应该知道和了解究竟什么是普通话，否则，我们是不可能真正掌握和说好普通话的。

那么，什么是普通话呢？

普通话就是中华人民共和国各民族通用的语言，是以北京语音为标准音，以北方方言为基础方言，以典范的现代白话文著作为语法规范的现代汉民族共同语。

这个定义既是普通话的标准，也是普通话的规范。普通话的规范包括语音、词汇和语法三个部分。

对于我们中国人来说，普通话是我国各民族、各地区的通用语；是我们国家政府机构、各种社会团体、企事业单位工作人员在工作中必须使用的公务用语；是使用汉语的各级广播电台、电视台和汉语电影、电视剧、话剧的规范用语；是以汉语授课的大中小学校的教学用语。对于世界而言，普通话也是代表中国的语言，是联合国 6 种法定工作语言之一（其他 5 种语言分别是英语、法语、俄语、西班牙语和阿拉伯语）。

二、普通话的规范

对一个国家的共同语或通用语进行规范，不是今天才有的。在我国古代，就有关于语言的规范说法，如“雅正”、“正谬”、“文质”、“工拙”等，就属于语言的规范范畴。“雅正”是指关于语言文字的规范标准，首见于《后汉书·舆服志》。“雅”指言语体制在总体上或客观方面合乎规范，“正”指文字的形音义方面的正确标准。下面我们来介绍一下关于普通话的规范问题。

1. 语音的规范

普通话以北京语音为标准音，是符合人们使用汉语的客观情况的。任何一个国家的共同语都需要把一个地区方言的语音作为标准音，而不能把不同地方的语音拼凑成一种标准音，更不能有多个标准音，世界上大多数国家基本如此。如俄语的标准音就是莫斯科音，法语的标准音是巴黎音，英语的标准音是伦敦音，日语的标准音是东京音等。汉民族共同语也是这样。普通话以北京语音为标准音，是我国历史发展的必然结果。辽、金、元、明、清以来的 800 多年，大多以北京作为都城，北京逐渐成为我国政治、经济和文化的中心。因此，北京话的影响也逐渐显著，地位日益重要，北京话作为官府的通用语言即“官话”传播到了全国各地。“五四”运动以后的“国语”、“国音”也都是以北京语音作为标准音的。但需要注意的是，“以北京语音为标准音”，是指以北京语音系统作为普通话的语音标准，并不包括北京人口语中的土音以及过多的轻声、儿化现象等，并不是每一个字、每一个词都以北京的语音为标准，一些土音成分，一些轻声、儿化就不是标准音。有许多北京人，特别是一些女士为追求说话时的亲切感，常把舌面音发得近似舌尖音，而许多北京的男士在说话的时候，把翘舌音发得往往靠后，说话的尾音老有卷舌的意味，给人感觉北京人讲话“儿话音”太重。如：北京人买东西时常说的“多儿钱？”就不标准，也不规范，而应该说“多少钱？”还有，当北京人告诉别人消息时常说的一句话“我告儿你吧”，也不是规范的普通话，而只有说“我告诉你吧”，这才是普通话。此外，北京人常说的“这房子忒小”、“这人忒差劲”也都不是标准的普通话，普通话就没有“忒”这个字音。还有北京人经常把 bǐ jiào（比较）说成 bǐ jiǎo、fēi yuè（飞跃）说成 fēi yào 等都不准确，都需要加以规范。

2. 词汇的规范

普通话以北方方言为基础方言是历史形成的。人们说着不同的方言，生活在同一个国家里，需要有一种为大家接受的公共交际语，即共同语。如果在各种不同的方言中有一种方言带有绝对的权威性，那么这种方言就会成为共同语。而方言的权威性与方言所在地区的政治影响力、经济影响力和文化影响力密切相关。

汉民族共同语自春秋时期的“雅言”以来，都是在北方方言的基础上形成的。北方的洛阳、西安、北京都是我国历史上重要的政治、经济、文化中心。因此，北方方言必然成为汉民族共同语构成的基础。北方话分布区域最广，使用人数最多，影响最大。宋代话本、元朝的戏曲杂剧、明清小说如《水浒传》、《西游记》、《三国演义》、《红楼梦》等，都是用北方话写成的。这些作品长期以来在国民中产生了深远的影响，北方话也通过这些作品得以广泛传播。“五四”以后众多的白话作品也多由北方话写成，这些作品的流传更扩大了北方话的影响，北方话成为普通话的基础方言是历史的必然。普通话“以北方话为基础方言”，同时也意味着普通话的词汇标准是以北方话词汇为基础。普通话词汇来源于北方话，但并不是北方话中所有的词都可以进入普通话，那些不具有普遍意义、地方性很强的土俗的词语就不宜吸收到普通话中。另一方面，为了使用的需要，普通话也适当吸收非基础方言中的有用成分，如方言词、古语词、外来词等，来丰富普通话词汇。如来自吴方言的“尴尬”、“名堂”；来自粤方言的“煲汤”、“看好”；来自古汉语的“华诞”；来自外语的“摩托”、“沙发”、“咖啡”等。

3. 语法的规范

普通话以典范的现代白话文著作为语法规范是有其科学性的。由于经过作者加工的书面语语法比口语语法更具规范性、概括性和稳定性，因而适宜以书面语著作作为语法标准的依据。但并非所有的现代白话文著作都可作为规范，只有大家公认的那些典范的现代白话文著作才可作为规范。比如，在我国现代文学史上占有重要地位的鲁迅、茅盾、巴金、老舍、丁玲、冰心等现代语言文学大师的经典作品。

学习普通话必须兼顾语音、词汇、语法三个方面。语法、词汇的学习和规范可以通过书面进行，而语音的学习和规范必须通过实践、必须通过口耳的训练才能实现。

三、汉民族共同语形成的历史

普通话是我们汉民族今天的共同语。那么，汉民族共同语是在什么时候开始形成的呢?

汉民族的共同语其实早在上古的夏、商、周时期就产生了。当然了，那时的民族共同语并不是今天我们所说的普通话，而是当时古代的普通话，称作“雅言”，主要流行于我国北方的黄河流域一带。我国第一部诗歌总集《诗经》的语言就是雅言，孔子教学用的也是雅言。孔子曾经有弟子三千，来自全国各地，孔子本人又是今天的山东人，如果没有一个统一的教学语言，孔子教的课很多弟子就会听不懂，而弟子们的提问孔子也听不明白。所以，当年的孔子就是用雅言来向弟子传授知识，答疑解惑，进行教学和交流的。《论语》里就曾提到过孔子“诗、书、执礼皆雅言也”。

雅言在春秋时期就已经是华夏民族的共同语，这一点毋庸置疑。但是，对于雅言到底是哪个地方的话，学者们的意见并不一致。主要的分歧在于：是洛阳话还是西安话。

有的学者认为，西周时期，周人在洛阳建立成周城，把殷的贵族知识分子集中在成周，周人向他们学习文字，周代文字学的就是殷商文字，学文字的时候就按照他们的发音学，而殷人又是向夏人学习的，所以古代的雅言就是夏言。所谓“夏言”就是夏朝人的共同语，是“河洛”话，也就是今天河南洛阳一带的话。也有一些学者认为，雅言是以周代的主体民族周民族的语言为基础的。雅言的标准音是渭水流域的“镐京”话，也就是今天西安一带的话。这种观点认为，“雅”假借为“夏”。“夏”是西周王畿一带的古名，“夏言”是指王畿或周室所使用的语言。

雅言究竟是洛阳话还是西安话，其实并不是最重要的，重要的是早在上古时期，我们中国人就已经有了民族共同语，有了华夏民族的普通话。在古代，上层贵族、官吏、知识分子都用雅言交流、沟通、教书，包括在一些外交重要场合讨论问题的时候，用的都是雅言。

既然早在上古时期已经产生了汉民族的共同语“雅言”，那汉语又是怎么来的呢？原来，汉高祖刘邦最早在陕西汉中建都，并将国号称为“汉”。后来，中原地区以外的人称中原人为汉人，中原人所说的语言便被称为“汉语”，一直沿用下来，这就是汉语的由来。汉语的称谓产生于汉朝以后，但汉民族的共同语则形成于上古时期。明清时期，汉民族的共同语叫“官话”。民国时期，汉民族的共同语叫“国语”。新中国成立后，汉民族的共同语叫“普通话”。中国古代的普通话虽然不同于现在的普通话，但在今天的普通话里也有一些古音的保留。如我们今天常用的“华诞”一词就来源于古音。在今天的京剧舞台上，韵白里仍有不少“上口字”：如：“日”读 i 韵，“住、处、书、如”读 yu 韵，“歌、各”读 o 韵等，这些都是对古音的传承。

四、今天的普通话是怎样产生的

“普通话”这个词早在清末就出现了。1902 年，学者吴汝纶去日本考察，日本人曾向他建议中国应该推行国语教育来统一语言。在谈话中，就曾提到普通话这一名称。1904 年，近代女革命家秋瑾留学日本时，曾与留日学生组织了一个“演说联系会”，并拟定了一份章程，在这份章程中就出现了普通话的名称。1906 年，学者朱文熊把汉语分为国文（文言文）、普通话和俗语（方言）。他不仅提出了普通话的名称，而且明确地给普通话下了定义，就是“各省通行之话”。后来，瞿秋白又提出：“文学革命的任务绝不止于创造出一些新式的诗歌、小说和戏剧。它应当替中国建立现代的普通话的文腔。”普通话这个词虽然很早就出现了，但是，普通话的定义在新中国成立以前的几十年一直是不明确的，也存在着不同的看法。1949 年，中华人民共和国成立后，在 1955 年 10 月召开的全国文字改革会议和现代汉语规范问题学术会议期间，才将汉民族共同语的名称正式定为普通话，并同时确定了它的定义，即以北京语音为标准音，以北方话为基础方言。1956 年 2 月 6 日，国务院发出关于推广普通话的指示，把普通话的定义增补为“以北京语音为标准音，以北方方言为基础方言，以典范的现代白话文著作为语法规范。”这个定义从语音、词汇、语法三个方面明确规定了普通话的标准，使得普通话的定义更为科学、更为严谨。其中，“普通”二字的含义是“普遍”和“共通”的意思。今天，普通话已得到了明确的规范，取得了汉民族共同语的法定地位。《中华人民共和国宪法》第十九条规定："国家推广通用的普通话。"《中华人民共和国通用语言文字法》规定普通话是国家通用语言。

五、汉语普通话在世界语言之林中的重要位置

汉语在人类语言发展史上有着重要的位置。在世界语言之林中，汉语是最发达的语言之一，是使用人数最多的语言之一，也是联合国的工作语言之一。在当今世界，随着中国综合国力的不断提高，汉语普通话正发挥着越来越重要的作用和影响。

语言是文化的载体，汉语负载着对世界充满魅力的、悠久的中国文化。历史上，中华文化对世界文化的发展作出了重要的贡献。同样，汉语在人类语言发展史上也曾作出过重大的贡献，特别是对中国一些周边国家的语言发展影响巨大。汉语早在公元前3世纪—前2世纪就开始传入越南、朝鲜，后又传入日本，在其后相当长的历史时期内，汉字都曾是这些国家帝王诏令、官方文书、科举考试、文史著作的主要使用工具。日本借用汉字成功地建立了自己的文字体系；朝鲜也出现过用汉字记录朝鲜语发音的"吏读"；越南则以汉字为基础创造出来一种记录越南语读音的"喃字"。现代朝鲜语、越南语和日本语中不仅保留了一些汉语的古音，而且还都吸收了大量的汉语词汇。据统计，朝鲜语词汇中汉字词占60%以上；越南语词汇中汉越词（汉语借词）占70%以上；1981年日本政府颁布的《常用汉字表》中有1945个汉字，但一般日本字典中收录的使用汉字至少都有上万个。

1. 汉语是世界上使用人数最多的语言之一

我们国家有13亿多人口，说汉语的人口占到了我国人口总数的90%以上。据统计，海内外以汉语为母语的人口大约有13亿以上，世界各国有4000万人正在学习汉语。据英国《泰晤士报》2009年6月24日刊发的一篇题为《货币、文化和孔子：中国的文明将覆盖全世界》的文章称："全世界说汉语普通话的人已经比说英语的人多出一倍，汉语普通话将像今天的英语一样成为世界通用语言。"

2. 汉语是世界上最发达的语言之一

以前，一些学者认为汉语是幼稚的、落后的，认为汉语是婴儿语，后来才发现汉语是进化过的世界上最先进的语言之一。为什么这么说呢？因为汉语的一个重要特点就是，不仅发音简单、音节结构形式较少，而且语句和语法结构也较简单。比如：汉语用一个"了"字便可完全表达出完成的意思，而不需要像英语那样去用一个过去完成时态来表达。汉语还有一大优势，就是思维面广阔，对数字的反应速度更快。在国外，人们常常发现华裔子女对数学的掌握和运用很突出，成绩也普遍较好。有国外研究者发现，由于汉语发音简单，音节结构形式较少，所以用汉语进行数学计算要比用英语简单得多，快捷得多。我国著名语言学家赵元任先生也曾经对用英语和汉语背诵乘法口诀的速度进行过比较，发现如果背诵完乘法口诀表，汉语用了30秒，英语则需要用45秒。也就是说，如果两个人同时用英语和汉语来背诵的话，到了30秒的时候使用汉语的人已经背到了九九八十一，而使用英语背诵的人则可能仅仅才背到七七四十九。

3. 汉语是联合国的法定工作语言之一

随着中国综合国力和国际地位的提高，汉语在世界语言中的地位也空前提高。汉语不仅是联合国的工作语言之一，在一些地区性和国际性的活动和会议上，汉语也越来越多地得到使用，汉语在外交、贸易、科技、教育、文化等诸多领域得到了更广泛的应用。美国等许多国家已把汉语作为主要外语纳入国民教育体系。在国外，只要家中有一个孩子学中文，全家人就会关心中国的事，他们会对中国发生的事情进行热烈讨论，同时加深对中国的进一步了解。美国西点军校的汉语学习热用一个中国的成语来形容叫“蔚然成风”。西点军校设有外语系，开设 7 门外语课，分别是阿拉伯语、汉语、法语、德语、葡萄牙语、俄语和西班牙语。其中汉语课程包括基础汉语、中级汉语、汉语军事阅读、中国媒体和中国文化等。美国目前把汉语、阿拉伯语、俄语、印地语作为国家教育战略，而适合在美国教汉语的师资缺口不下十万人。汉语是联合国的 6 种法定工作语言之一，由于汉语的音节结构形式较少，所以印刷同样内容的一份材料、一本小册子或一本书，用汉语要比用其他 5 种语言节约不少的纸张，即使不懂中文的人也会很容易找出中文文本，因为中文文本肯定是最薄的那一本。

六、我国汉语方言区的分布及形成

普通话作为现代汉民族的共同语，是建立在各方言基础上的。

普通话和各地区的方言都源于上古汉语，同源同宗，汉语方言是汉民族共同语在地方的变体。普通话和各方言从本质上来说，都是同一语言，只是在具体发音上有所差异。作为同一语言，普通话和各方言有很多共同点，这为各方言区的人们学习普通话奠定了基础、提供了可能，而普通话与各方言之间的差异也为各方言区的人们学习普通话带来诸多问题和困难。

我国幅员辽阔，各地方言有很大差别，其中语音差别最大，其次是词汇和语法，因此划分方言区主要依据的是语音标准。依据语音标准，目前较有影响的观点是把汉语方言分为七大方言区，即北方方言、吴方言、湘方言、赣方言、客家方言、闽方言、粤方言。简介如下：

1. 北方方言

北方方言又叫北方话，代表话是北京话。北方方言是现代汉民族共同语的基础方言，是分布区域最广，使用人口最多的一种方言。主要分布在长江以北地区，镇江以西、九江以东的长江南岸沿江地带，四川、云南、贵州、湖北（东南角除外）等省，湖南西北角、广西西北部。使用人口约占汉族总人口的 70% 以上。北方方言区又可分为四个次方言区：华北官话、西北官话、西南官话和江淮官话。

北方方言也称官话，作为中国标准语的官话，东晋南北朝以来分为南北两支，以北方方言为基础的北方官话直到清代中叶以后，才逐渐取代江淮方言系的南方官话成为中国官方标准语。

2. 吴方言

吴方言又叫吴语，其代表话早期是苏州话，现为上海话和苏州话。分布在上海市、江苏省长江以南镇江以东地区（不包括镇江）、南通的小部分、浙江的大部分地区。

据《史记》载，周太王的长子太伯和次子仲雍让贤，南奔到今天的江苏无锡、苏州一带。这是见于史籍的第一批移民吴地的北方汉人，他们带来了黄河流域、中原地区的汉语。吴语作为一种独立的方言，在《世说新语》等南北朝时期的文献里，已经有了明确的记载。吴语在地理上是从北向南发展的，最初形成于无锡、苏州一带，然后扩散到浙北的宁绍平原、杭嘉湖平原，继而进入浙江大部分地区。经过历史上北方汉人向吴语区的三次大规模移民，使历代北方移民带来的北方方言与吴语区原住民的方言相融合，逐渐形成现代吴语。

3. 湘方言

湘方言又叫湘语，代表话是长沙话。分布在湖南省大部分地区（西北角除外）。

先秦诸子、汉扬雄《方言》、许慎《说文解字》多次提到楚语，楚语的使用地域就是今天的湖南、湖北。楚语在晋代以前的汉语方言中是非常突出的。古湘语的最早源头应该是古楚语，但是，因受历代从北方移民带来的北方话的冲击，现代长沙一带的湘语，跟北方话已很接近了，较古老的湘语基本上只保留在湖南南部的湘语中。

4. 赣方言

赣方言又叫赣语，代表话是南昌话。分布在江西省大部分地区（东北沿长江地区和南部除外）。

古江西在地理上被称为“吴头楚尾”，在赣语形成以前，古江西方言是一种兼有吴语、湘语特征的混合型方言。赣语在汉扬雄《方言》、许慎《说文解字》中没有作为一个独立的方言出现过。在唐朝初年，大批北方移民进入江西北部平原，这些移民带来的北方方言和古江西的地方方言共同形成了早期的赣方言。

5. 客家方言

客家方言又叫客家话，代表话是广东梅县话。客家方言是因古时客家人从中原迁徙到南方而形成，分布较为零散，主要分布在广东、福建、台湾、江西、广西、湖南、四川等地区。其中以广东东部和北部、福建西部、江西南部和广西东南部为主，海外华人社区也有客家话分布。

古时候，从北方中原来的中原客家人与南方的土著语言相交融，于元明之际，形成客家方言。

6. 闽方言

闽方言又叫闽语，主要分布在福建和海南的大部分地区、广东东部潮汕地区、雷州半岛部分地区、浙江南部温州地区的一部分，广西的少数地区及台湾地区的大多数汉人居住地，东南亚一带华人社区分布也较为广泛。

闽方言是各方言中内部差异最大、语音现象最复杂的一种方言，又可分为闽东、闽南、闽北、闽中、莆仙五种次方言。其中闽东方言以福州话为代表，主要分布在福建东部闽江下游；闽南方言以厦门话为代表，分布在闽南二十四县、台湾及广东的潮汕地区、雷州半岛、海南省及浙江南部。

在西汉末年，第一批汉人从中原通过陆路和海路进入福建，这些汉人所带来的北方方言与福建当地土著方言融合形成早期的闽方言。但由于从陆路和海路来到福建的移民来源不同，加之长期以来福建沿海地区和福建北部内陆地区交通不便，使福建的方言具有明显的地域差别，这就是闽语分为闽东、闽南、闽北、闽中、莆仙五个次方言的原因。

7. 粤方言

粤方言又叫粤语，代表话是广州话，分布在广东中部、西南部和广西东部、南部以及香港、澳门特别行政区，美洲、澳洲华人社区也有广泛分布。

秦汉时期，大批汉族军士南下，加之宋代因北方辽金的侵袭，大量汉人为躲避战乱跑到广东避难，使北方方言成为了现代粤语的基础。现代粤语至今仍保留了许多古代时候中原的语音。宋代朱熹《朱子语类》就曾夸赞粤语的语音比较像中原的标准音。

七、方言与普通话的主要差异

由于历史和地理的原因，各地方言与方言之间，各地方言与普通话之间在语音、词汇、语法等方面存在着一定的差异，特别是在语音方面差异较大。由于语音的差异，常常会造成不同地区人们的沟通受阻，交流不畅，甚至还闹出许多笑话。在网络上，就盛传着这样一个笑话。

某单位的业务员小唐出差来到我国某方言区的一座大都市。一天，他的钱花完了，就到银行去取钱。小唐其貌不扬，而且普通话说不大好，接待他的是一位漂亮的四十出头的女职员。赶巧了，她的普通话也不太好。小唐隔着玻璃用不太标准的普通话亲切地说道："大姐，我取点儿钱。"没承想，银行女职员立刻变了脸，怒斥道："你想干什么？"小唐以为银行女职员没有听清楚，又大声喊道："大姐，我取钱！"更没承想银行女职员大喊："有人打劫！"并按响了警报器。就在小唐丈二和尚摸不着头脑的时候，忽然只听脑袋嗡的一声，小唐已被银行保安按倒在地。在派出所里，警察问小唐："为什么要抢银行？"小唐说："谁抢银行了？"那个银行的女职员指着小唐说："就是你要抢银行！"小唐说："你有什么证据说我要抢银行？"银行女职员说道："银行里所有的人都听见你在喊：'打劫，我缺钱！'你缺钱，要打劫。难道不是要抢银行吗？"小唐听罢真是哭笑不得。此事过后，小唐每天都要坚持练习普通话，小唐常对人说："说好普通话才能保安全。"那家银行的女职员现在也在学习普通话，因为她知道，只有掌握了普通话才不会再发生这样的误会。

我们学习普通话，应该首先明确自己所属的方言区，弄清方言与普通话之间的差异所在，特别是要搞明白各方言与普通话之间语音的差异所在，以便有针对性地纠正方言，提高普通话水平。经过语言学家的调查和科学论证，我国各方言与普通话之间的差异是这样一个顺序：北方方言与普通话之间的差异最小；湘、赣、客家方言次之；吴方言再次之；闽、粤方言与普通话之间的差异最大。

1. 北方方言

北方方言内部一致性比较强，无论是从语音方面，还是词汇和语法方面差别都不太大。从东北到西南，从西北到东南，人们相互通话交流，基本上没有什么大的问题。这样大范围内语言如此高度一致，在世界上也是罕见的。总体来说，北方方言在声调上也只有阴平、阳平、上声和去声四个声调，没有入声（太原、南京、合肥等地的方言除外），辅音韵尾也跟普通话一样只有舌尖前鼻音韵尾 n 和舌尖后鼻音韵尾 ng。北方方言在语音方面的另一个主要特点是，没有浊塞音、浊塞擦音声母，这一点也与普通话的声母特点相一致。

北方方言中的北京话多儿化音，尤其是在发舌尖后音（翘舌音）zh、ch、sh、r 的时候容易将这些声母发得比较靠后，把翘舌音发成了卷舌音。如老北京人常说的口头禅“吃了吗？”就会将 chī（吃）这个翘舌音发成卷舌音，听起来给人一种大舌头的感觉。

由于赵本山、潘长江、黄宏、巩汉林等东北演员表演的一批家喻户晓、脍炙人口的文艺作品的影响，使得北方方言中的东北话近些年来在全国范围内得到了广泛传播，在全国形成了一股东北方言热。东北方言有其自身的语音特点，看似平淡却有波澜，语言诙谐幽默。东北方言虽然是普通话的基础方言之一，但是在声、韵、调等方面与普通话还是有一定的差异。尤其以声母最为突出，主要表现在：东北方言把普通话的绝大部分翘舌音都容易发成平舌音，而又容易把普通话的平舌音发成翘舌音，这种平翘舌不分的现象，容易引起语音混乱，造成很多歧义，出现交际障碍。例如，把 rén mín（人民）说成 yín mín、zhū ròu（猪肉）说成 zhū yòu。此外，与普通话相比，东北方言常常调值发不到位，听起来平淡、含混，缺乏抑扬顿挫和起伏变化。

北方方言中以陕西话为代表的西北方言，这些年也由于一些小品演员和影视演员的演绎，得到了较广泛的传播，在一些综艺晚会上还小有市场。与普通话相比，它的差异主要表现在声调上。陕西方言常常把阴平的 55 调发成 31 调，把阳平的 35 调发成 24 调，把上声的 214 调发成 42 调，把去声的 51 调发成 55 调。韵母部分差异也比较大，例如，常把 mài zi（麦子）说成 mèi zi、hē shuǐ（喝水）说成 huǒ shuì 等。此外，陕西话与普通话相比发音位置稍微靠后，并且鼻音较浓，但比较陕西以外的西北地区其他方言，陕西话的发音位置更加接近普通话（陕北地区除外）。

北方方言分布的地域极其广阔，但内部一致性很高，一般情况下，各地区人们的彼此交流大都能够听得懂，不过听起来还是有很大的不同，这种不同主要表现在各地方言声调的调值差异上。

北方方言部分主要城市的调值差异对照表

方言区 / 声调数 \ 调类 / 调值		平声		上声	去声
		阴平	阳平		
北京	4	55	35	214	51
沈阳	4	33	35	213	41
济南	4	213	42	55	31
郑州	4	13	42	54	31
西安	4	31	24	42	55
成都	4	44	31	53	13
武汉	4	55	313	42	35
银川	3	44		53	24

2. 吴方言

吴方言所在的上海和江浙地区，是我国东部沿海经济最发达的地区。吴方言与普通话在声、韵、调等方面都有较大的差异。

声母部分，吴方言有一整套浊音声母（浊塞音和浊塞擦音），如上海人把 wǒ（我）发成 ngó，ngó 这个音普通话是发不出来的，因为普通话里就没有 ng 这个浊音声母。ng 在普通话里是浊鼻音，只能做韵母。上海人还把 shì（是）发成 sì，把 shàng（上）发成 sàng。在普通话里 s 是清音，但上海话都发成了浊音。吴方言还常常把翘舌音 zh、ch、sh 发成平舌音 z、c、s。

韵母部分，吴方言多把双元音发成单元音，并多后鼻音韵尾 ng，如上海人把 nǐ（你）发成 nóng（侬）。

与普通话相比，吴方言声调较多，有 7—8 个声调，并保留了入声。比如，妻子的妻（qī）在普通话里是 q 与 i 相拼，这里的 i 是长元音，但在上海话中 i 是短促的入声，类似英语中的短元音 [i]。

吴方言发音时，声带振动较多，发音位置与普通话相比均较靠前，说话时口腔开度不大，声音清细、委婉，人们常把吴方言称作“软语”。

3. 湘方言

湖南山清水秀，人杰地灵，历史上曾诞生过许多伟人，如毛泽东、刘少奇、彭德怀等。人们对湘语并不陌生，我们在许多影视作品中都曾感受到湖南方言的魅力。湖南方言（湘方言）与普通话在语音方面都有不小的差异，特别是唇齿音 f 和舌根音 h

不分；前鼻音 n 和边音 l 不分。例如：把 hú nán（湖南）发成 fú lán、gōng fèi（公费）发成 gōng huì 等。

4. 赣方言

赣方言由于处于北方方言、吴方言、闽方言、客家方言、湘方言的四面包围之中，所以没有其他方言那样突出的特点。与吴方言相近的地区像吴方言，与闽方言接壤的地区像闽方言，与客家方言接触的地区又像客家方言。赣方言与普通话在语音方面最大的差异是：声母部分不分送气和不送气，一律变成送气清音。

5. 客家方言

一般认为，客家方言继承了较多古汉语的特征，与中古汉语之间的承袭关系较为明显，客家方言与普通话在语音方面均有较大的差异。

声母部分，多送气音。客家方言把塞音和塞擦音不分送气和不送气，基本上都发成送气音，如把 kāi bù（开埠）发成 kāi pù、zài zuò（在座）发成 zài cuò。客家方言还常常 f、h 不分，如把 féng（冯）发成 hóng。

韵母部分，客家方言没有 u 音，常把 u 音发成 i 音，如把 zǔ sūn（祖孙）发成 zǐ sūn。客家人一般发不好撮口呼，常把撮口呼韵母混入到齐齿呼韵母中去。如把 yú fū（渔夫）发成 yí fu、qiān jūn（千钧）发成 qiān jīn，把袁先生叫成闫先生。客家人还常把 a 音发成 o 音，如把中央的央（yāng）发成中庸的庸（yōng）。

声调上，多数地区有六个声调，少数地区有 5—7 个声调。

客家方言的“马”听起来很像普通话的“妈”；客家方言的“妈”听起来很像普通话的“麻”；而客家方言的“麻”听起来很像普通话的“马”。

6. 闽方言

闽方言与普通话在语音方面的差异是：闽方言没有唇齿音 f，普通话中凡是以 f 为声母的音节，闽方言一律发成双唇音 b 或 p。普通话中，以舌尖后音 zh 和 ch 为声母的音节，闽方言大多发成舌尖中音 d 或 t。闽方言是汉语中声调比较复杂的方言之一，有 7—8 个声调。

7. 粤方言

由于粤方言地区除广东和珠三角地区外，还包括香港和澳门两个特别行政区，加之广东及珠三角地区又是我国改革开放的前沿，粤语的影响非常大，在海内外都有着很大的影响。在影视剧、港台歌曲中都能够感觉到这种影响，许多人都曾以能讲几句粤语、能唱几首粤语歌为荣，这反映出了经济和文化与语言的密切关系。粤语与普通话在语音方面有较大的差异，我们简要介绍一下粤语地区的人们在说普通话的时候存在的主要问题。

声母部分：（1）舌尖后音 zh、ch、sh 和舌面音 j、q、x 不分，如常把 zuò shì（做事）发成 zuò xì，把张先生叫成江先生。（2）舌尖前音 z、c、s 不仅也和舌面音 j、q、x 不分，而且还和舌尖后音 zh、ch、sh 相混淆，常把 z、c、s 发成近似的 zh、ch、sh 音。（3）广州人也经常 n、l 不分，如把 wú nài（无奈）发成 wú lài、kùn nán（困难）发成 kùn lán。（4）粤语中没有翘舌音 r，广东和港澳地区的人们在说普通话的时候，常把 r 音发成 i 音，如把 guó rén（国人）发成 guó yín。

韵母部分：粤语韵母多达 53 个，辅音韵尾非常丰富，除普通话鼻音韵尾 n、ng 之外，还有入声，塞韵尾 b、d、g。粤语地区的人们讲普通话时在韵母上表现出来的主要问题有：（1）由于粤语中双唇音 b、p、m，舌尖前音 z、c、s，舌尖中音 d、t、n、l 后面都不跟 u 音，所以，常把 u 音发成 ɑo 音，如把 bù gào（布告）发成 bào gào。（2）粤语区的人们常把齐齿呼发成开口呼，也就是把 iou 发成 ou，如把 liú（流）发成 lóu，把洪流说成红楼。

声调部分：粤语的声调一般有 8—9 个。粤语区的人们在声调部分的突出问题是上声发不好。很多粤语区的人普通话即使说得已经很好了，但在上声的发音中还会暴露出问题。

北方方言以外的其他六种方言可统称为南方方言。南方方言声调系统比较复杂，声调数目多，调形、调值多样化。

南方方言部分主要城市的调值和调类差异对照表

<table>
<tr><th colspan="2" rowspan="2">调类/调值
方言区/声调数</th><th colspan="2">平声</th><th colspan="2">上声</th><th colspan="2">去声</th><th colspan="2">入声</th></tr>
<tr><th>阴平</th><th>阳平</th><th>阴上</th><th>阳上</th><th>阴去</th><th>阳去</th><th>阴入</th><th>阳入</th></tr>
<tr><td>苏州</td><td>7</td><td>44</td><td>24</td><td colspan="2">52</td><td>412</td><td>31</td><td>55</td><td>13</td></tr>
<tr><td>厦门</td><td>7</td><td>55</td><td>24</td><td colspan="2">51</td><td>11</td><td>33</td><td>32</td><td>5</td></tr>
<tr><td>广州</td><td>9</td><td>55</td><td>21</td><td>35</td><td>13</td><td>33</td><td>22</td><td>5</td><td>2</td></tr>
<tr><td>南昌</td><td>7</td><td>42</td><td>24</td><td colspan="2">213</td><td>45</td><td>21</td><td>5</td><td>21</td></tr>
<tr><td>长沙</td><td>6</td><td>33</td><td>13</td><td colspan="2">41</td><td>55</td><td>21</td><td colspan="2">24</td></tr>
<tr><td>梅县</td><td>6</td><td>44</td><td>11</td><td colspan="2">31</td><td colspan="2">52</td><td>1</td><td>4</td></tr>
</table>

八、部分外国人学说普通话时存在的一些主要问题

随着中国国力和国际声望的不断提高，有越来越多的外国人都在学习汉语，汉语热正席卷全球。不仅很多普通的外国人在学汉语，连不少外国政要也都以能够讲汉语普通话为荣，像澳大利亚总理陆克文、美国驻华大使乔恩·亨茨曼（中文名洪博培）等都能讲一口流利的普通话。有些外国朋友还因为普通话讲得好，而在中国成了家喻户晓的明星。但由于诸多方面的原因，说好普通话对于外国人来说还是比较困难的，这里简要说一说外国人学说普通话时存在的一些主要问题。

一是外国人学说汉语普通话遇到的共同问题是声调调值普遍发不到位，尤其是不会发上声，单个上声发不好，上声连读更发不好。由于文化背景不同，许多外国人普遍把去声 51 调只发到 42 调。有些外国人认为，汉语普通话去声从高到低跨度太大，不符合他们的语音审美习惯，所以，有的外国人即便能发好去声，也不按照普通话语音的标准去发。他们还认为，普通话语音音调的调值太高，所以不少人都把阴平的 55 调发成了降阴平的 33 调。此外，欧美人普遍不分送气音和不送气音，他们误以为，区分不了送气和不送气音也不会产生语音的歧义。有意思的是，与我国许多南方人和港澳地区的人们相比，外国人普遍轻声发得都挺好。

二是欧洲人在说普通话时一般发不好卷舌音，而美国人则不存在这个问题。这是因为许多欧洲人在讲英语时，一般不带卷舌音，而美国人说英语时普遍带有卷舌音，如英国人说 bird 时，发

的音是［bə:d］，而美国人则发成卷舌音的［bɚ:d］。

三是日本人在说汉语普通话时，常常发不出翘舌音 r，一般都把 r 发成了平舌音 i，如把普通话 rì běn（日本）发成 yì běn。

四是韩国人在说汉语普通话时，普遍发不出唇齿音 f，他们在遇到 f 音时，一律都发成了舌根音 h，如把幸福的福（fú）发成湖南的湖（hú）。

第二章

说好普通话的关键

我们在第一章普通话概说中，向大家介绍了什么是普通话、汉民族共同语形成的历史、普通话是如何产生的、汉语普通话在世界语言之林中的重要位置、普通话的规范、方言与普通话的主要差异等内容。这一章，我们主要介绍一下说好普通话的关键。

我们每一个人在刚出生的时候都不会识字、写字，有的人一生可能都是文盲，但是却都能够发出声音，长大后都会说话（有先天发音缺陷或生理疾病的人除外）。所以，语言能够起到传承一个国家、一个民族历史文化的重要作用。语言是一个国家、一个民族历史和文化的重要载体。而语音是语言的基础，人类语言首先是有声语言，书面语言的产生要比口头语言晚得多，时至今日，世界上还有一些语言没有相应的书写形式，而是口口相传。非洲有的地方把还没有学会说话的孩子称作“物”，孩子长大学会说话了以后才称作“人”。如果一种语言只保留了文字，而没有人去说，这种语言会成为一种“死语言”，会慢慢消亡。如世界历史上古印度人的梵文、赫梯人的赫梯语，我国历史上鲜卑、契丹、女真等民族的语言等。因此，在我们重视文字，也就是重视书面语的同时，一定要对说话，也就是要对有声语言给予应有的重视。而对语音的掌握和应用是我们掌握有声语言的关键。

早在 1877 年，英国出版的《语音学指南》中，英国著名的语文学家、语言学家和语音学家斯威特（Henry Sweet，1845—1912）就提出语音研究是所有语言研究不可或缺的基础。

如果从公元前20年前后古希腊学者开始研究发音算起，语音研究的历史已有两千多年了。我国最早研究汉语语音的人是三国时期魏国的李登，他曾经写过一本关于汉语语音的书叫《声类》，这表明中国对于语音的研究也有一千多年的历史了。但在日常生活和工作中，我们绝大多数人是不会有意识地去思考一个音究竟是怎么发出来的；怎么发音才准确、规范；在发音的时候人自身的哪些器官需要发挥作用，心理过程又是怎样，等等。而我们要想说一口纯正的普通话、说一口好听的普通话，就必须对普通话的语音有一个准确、清晰的认识和了解。需要说明的是，对语音的深度剖析和研究不是本书的主要任务，而对汉语普通话语音知识的掌握和应用才是本书的主要目的。

一、什么是语音

语言是人类交际的工具。语音是语言的本质，是语言的声音形式。词汇、概念均以语音形式储存在大脑中，人类大脑的言语区只承担语音信息的处理。人们用语言表达思想，进行交流，必须凭借语音。我们说话时要凭借发音器官发出的语音表达自己的思想、信息、情感，倾听时也需要凭借听觉器官听到的语音来明白对方话语的意思。无论是说还是听，都依赖于语音。

在普通话的语音系统中，语音最小单位是音素，一个或几个音素构成一个音节。如啊（ā）是由一个音素构成的，安（ān）是由两个音素构成的，烟（yān）是由3个音素构成的，坚（jiān）是由4个音素构成的。音节在听感中有头有尾，有始有终，有起有止，是用听觉可以区分的语音结构基本单位。在汉语里一个方块汉字就是一个音节，比如，“汉”这个方块汉字就是一个音节，“汉语”这两个方块汉字就是两个音节，“普通话”这三个方块汉字就是三个音节。

语音音素可以根据发音特征分为两类，一类是元音，也称作母音；一类是辅音，也称作子音。普通话有 32 个音素，其中 10 个元音音素，22 个辅音音素，它们在音节中担任着不同的角色，发挥着不同的作用。发好元音和辅音是我们说好普通话的基础。

我国的语言学家根据传统的分析方法，把汉语字音即音节分成声母、韵母、声调三个部分。一个汉字起头的音称作声母，后面的部分称作韵母，汉字的音高称作声调。普通话常用音节约 1700 个，其中有调音节约 1300 个，无调音节 400 个。

在普通话的学习和实践中，人们常常把辅音和声母相混淆，把元音和韵母相混淆。实际上，元音、辅音和声母、韵母是不同的概念。辅音和元音属于通用语音学的范畴，它们都是音素的一种，辅音和元音不仅用于汉语普通话的发音中，也用于世界上大多数语言的发音中。而声母和韵母是我国的语言学家根据汉语音节的构成和发音特点，分析归纳出的一种传统的汉语音节的构成方法。辅音在汉语普通话音节中既可以做声母，也可以和其他元音组合构成韵母，元音在汉语普通话音节中只能充当韵母（零声母除外）。

二、普通话语音的特点

世界上每一种语言的语音都有自身的特点，普通话也不例外。

汉语普通话在语音方面的特点是简单、清脆、响亮、高扬，具有较强的表达力和表现力。主要表现在：

（1）简单、清楚，音节结构形式较少。

（2）音节中元音占优势，清声母多，听觉感觉清脆、响亮。

（3）声调系统比较简单，但变化鲜明，有区别词义的作用。四个声调的调值高音成分多，低音成分少，语音清亮、高扬，且具有高低抑扬的音乐色彩。

（4）音节之间区分鲜明，不能连读（儿化音除外），语音具有节奏感。

（5）词汇的双音节化，词的轻重格式的区分以及轻声、儿化的使用，使语言表达作用更加准确、丰富。

三、普通话语音的基本概念

音节：用听觉可以区分的语音结构基本单位。

音素：语音的最小单位。

音系：语音系统的简称。普通话语音系统主要包括声母、韵母、声调、音节以及轻声儿化、语流音变等。

音位：把语音归纳为数目有限的具有辨义作用的语音单位。

舌位：发元音时，舌面隆起最高点，即最接近上腭的一点。

元音：音素的一种。发音时，气流在口腔中不受明显阻碍，呼出气流较弱，发音器官肌肉均衡紧张，声带颤动，声音响亮、清晰，都是乐音。

单元音：在发音过程中音质始终不变的元音。

特殊元音：汉语普通话语音中所包括的特有的以舌尖运动或卷舌动作形成的元音音素。它包括舌尖元音和卷舌元音。舌尖元音又包括舌尖前元音［ɿ］和舌尖后元音［ʅ］。普通话中卷舌元音只有一个音素［ɚ］。

复合音：两个或三个元音音素组成的音组，或单元音、复合元音后面附带鼻尾音组成的音组。

辅音：音素的一种。发音时，气流在口腔中明显受到阻碍，呼出气流较强，发音器官对气流构成阻碍的部分肌肉紧张，大部分辅音发音时声带不颤动。

声母：按汉语语音学的传统分析方法，把一个汉语音节起头的辅音叫做声母。普通话有 21 个声母。

零声母：按汉语语音学的传统分析方法，把汉语音节中没有辅音的声母叫零声母。

韵母：按汉语语音学的传统分析方法，把汉语音节中声母以后的部分叫韵母。普通话中有 39 个韵母。

四呼：按汉语语音学的传统分析方法，根据韵母起头元音的唇形特点将韵母分为开口呼、齐齿呼、合口呼、撮口呼四类。

声调：汉语音节所固有的，可区别意义的声音的高低和升降。

调类：声调的种类。普通话有四个声调，即阴平、阳平、上声和去声。

调值：声调的时值，也叫调形，指声音高低、升降、曲直、长短的形式。

语流音变：在语流中由于受到相邻音节音素的影响，一些音节中的声母、韵母、声调会发生语音的变化，我们称之为语流音变。

轻声：普通话中，每个音节都有它的声调，可是在句子里有些音节常常失去了原有的声调而念成较轻、较短的调子，叫轻声。

儿化：儿化又称儿化韵，是普通话和某些汉语方言中的一种语音现象，即词的后缀“儿”字不自成音节，而同前面的音节合在一起，使前一音节的韵母成为卷舌韵母。

语调：语调是人们在语流中用抑扬顿挫来表情达意的所有语音形式的总和。语调构成的语音形式主要表现在音高、音强、音长等非音质成分上。音高是指声音的高低，取决于物体的振动频率，频率变化作用于人耳，使人们感觉到声音的高低。音强是指声音的强弱，即我们平时所讲的声音大小，取决于振动体的振动幅度，语音的强弱主要与声带的振动幅度有关。音长是指声音的时间长度。在普通话语调的训练中，首先应注重音高，其次应注重音长的变化。

四、我们是如何发音的

发音时，我们直接可以看到和感觉到的是发音器官在工作，所以，人们常把发音的学习和实践称作“口耳之学”。实际上，发音器官的工作只是发音过程的外部表现，大脑才是话语产生的真正策源地。同时，心理状态和心理过程对发音也产生着重要的影响。

1. 话语在大脑中开始编码

当我们想要说话的时候，在大脑中就要开始把想说的话进行组织和排列，这是语言的思维阶段，这个阶段的工作是由大脑负责完成的。在这一阶段中，一个个的字和词被大脑负责思维的部分有序排列成表达一定思想、一定意思的句子。一个句子组织、排列好了之后，再组织下一个句子，形成一连串的话语。

2. 语言编码在大脑皮层转化成发音信号

在这一阶段，语言编码将变成一系列的信号，通过神经中枢准备向发音器官传递。如果这个部分的大脑皮层受损，人们则只可以进行思考，但却不能说话。

3. 发音器官接到发音信号后开始发音

普通话是以发音器官作为生理基础的。我们对发音器官的认识和了解，会有助于纠正不良的发音习惯，掌握正确的发音方法。

发音器官是指人体参与发音活动的器官，它由动力器官、发声器官、吐字器官 3 个部分构成：

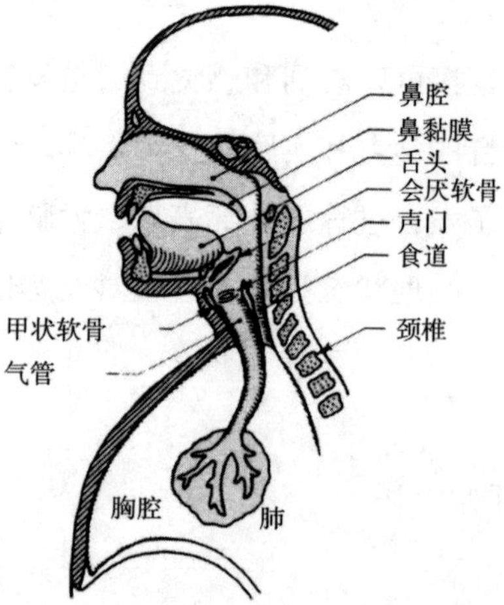

发音器官图 1

（1）肺为发音提供动力系统。

肺作为人体动力器官，就像火箭发动机一样为人们的发音提供动力系统。这一系统以肺为中心，包括与呼吸有关的器官和组织。动力器官主要有肺、横膈、胸廓和气管。呼气时，当气流经过气管到达喉部，可促使声带振动，发出声音。

（2）喉为发音提供声音原料。

发声器官是为发音提供声音原料的，由喉构成。它可以在气流的作用下产生振动，发出声音。发声器官形成的声音是构成语音中的元音所必不可少的。还可使元音产生音高、音长、音色的变化，在呼气强度变化作用下，还可产生音量变化。

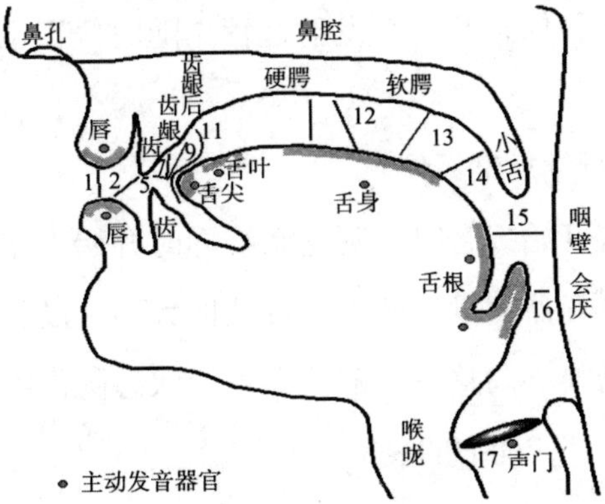

发音器官图 2

（3）舌是吐字器官的中心部分。

以舌为中心的吐字器官完成最后发音任务。吐字器官主要指喉以上器官组织。包括传统发音器官所指的唇、齿、舌、软腭等。这些器官可以像阀门一样打开或关闭，形成各种爆破音或摩擦音，也可以通过位置移动，使鼻腔与口腔连通或断开，形成鼻音或非鼻音。另外，还可以通过唇形或舌位变化，使声音产生共鸣变化，形成不同的元音。吐字器官处在语音最后完成阶段，它们是声道上端最活跃的器官，尤其是舌，由于其重要性和灵活性，成为吐字器官的中心部分。

4. 发音随时被监控

我们在发音过程中，不仅需要大脑进行编码、下达发音指令，而且还需要随时监控发音状态和过程，以确保发音的准确。这种监控是通过发音的反馈系统完成的。

（1）内部反馈系统。

当发音器官开始发音时，发音器官上的神经组织就可把发音是否正确的信息反馈回大脑，以便修正发音的动作，保证发音动作的准确性。这种修正与导弹发射过程中随时修正飞行方向是一致的。

（2）外部听觉反馈系统。

当发音器官开始发音时，听觉系统同时开始工作。耳朵就像雷达一样，把发音器官发出的声音反馈回大脑，以起到帮助发音器官改正发音错误、调整发音部位和发音状态的作用。这就是耳聋为什么会导致发音能力的丧失。

五、心理状态会对发音产生怎样的影响

1. 为什么心理状态轻松、愉快时，我们说话就流畅、自如

我们在说话时，常常会有这样的感觉，每当我们的心理状态

轻松、愉快时，我们的话语就流畅、自如。这是因为轻松、愉快的心理状态会使发音的指挥、传送、执行部门积极、互动、灵敏，使得发音过程流畅、自如。所以，我们在说话时务必要排除各种干扰，把自己的心理状态调整好。

2. 为什么心理状态紧张、沉重时，我们说话就总会出错

在说话的时候，我们也常常会碰到这样的情况，当我们的心理状态紧张、沉重时，我们说话就总会出错。这是因为心理紧张、沉重会影响大脑思维，使发音的编码产生混乱，造成说话时词句不连贯或词不达意；会影响神经中枢的传递功能，造成系统迟钝，表现为有时发不出音或老打磕巴；还会影响反馈监控听觉系统，造成反馈系统迟钝，发音容易出错，老说错话，甚至说错话后也无察觉。

第三章

说好普通话从发准字音入手

语音是语言的声音形式，标准的普通话是以标准的汉语普通话语音为基础的。语音不仅仅决定着说话的规范、准确，也是我们的语言是否优美、是否具有表现力、感染力的基础。

我们在生活、工作、学习和交际中，常常会遇到这样的情形：

有的人在说某个字或某个词汇时，字的开头部分很快就给带过去了，给人感觉很突兀；有的人在说话的时候，老是吃字，一个字中间的音总是被吃掉，给人感觉不连贯、不流畅；有的人一个字的音还没发完，字尾部分就没了，给人感觉不完整；还有的人在说话时，每个字音都很难清晰起来，而是混乱成一团，搅拌在一起，就像一锅糨糊，很难听清楚他到底在说什么，顶多让人听明白一个“歌词大意”。

这些现象都是因为没有掌握好字音的正确发音所造成的。可是，我们有许多人并没有真正地认识到这些问题给我们说话带来的严重危害性，而是一提起字音的学习和训练，就觉得多么的单调、枯燥和乏味。殊不知，真理越简单，领会它、学习它、掌握它就越重要、越要下工夫。

一、字音准确的基础

普通话的音节由声母、韵母和声调三部分组成。声母是音节的开头部分，由辅音充当。普通话 22 个辅音中，有 21 个可充当声母。辅音的特点是发音过程短（擦音除外）、声音弱、不响亮，很容易产生“吃字”的现象。许多人发辅音时都会出现发音位置不准确，发音不清晰的问题。所以，我们应该认真了解和学习辅音的发音，发现自己发辅音的问题，找到正确的发辅音方法。“咬得准、发得清”应是我们要达到的目的。

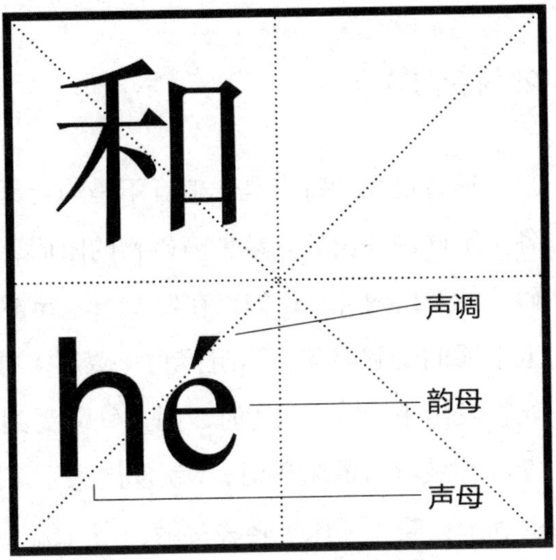

汉语拼音图解

（一）辅音及其发音特点

1. 什么是辅音

辅音是音素的一类，在普通话音节中既充当声母，也和一些元音组合成鼻韵母。辅音的“音”就是音素的意思，那么，“辅”又该如何解释呢？在《现代汉语规范字典》中对“辅”是这样解释的：“辅”是辅佐、协助的意思。对应于在音节中充当韵母的元音来说，辅音就是协助元音，共同使字音发得准确、清晰和完整。

2. 辅音的特点

辅音最大的特点是，辅音不是通行无阻地发出来的，而是在各个不同的部位遇到某种障碍物的阻碍，冲破或利用障碍物的阻碍才能发出的音。比如，在发 b、p、m 这三个音的时候，气流在上下唇间受到阻碍，当阻碍物（双唇）被气流冲破时，b、p、m 便被发出来了。在发 f 时，则是气流受到上齿和下唇的阻碍，当气流冲破唇齿的阻碍时，f 就发出来了。而在发 n 时，则是使舌尖和上齿龈（牙床）轻轻接触，当气流通过，将舌尖与上牙床分开时，便可发出 n，还有 d、t、l。另外，辅音的气流较强，因为较强的气流，才能造成辅音的音响。辅音在发音时声带一般不颤动，声音不响亮。只有 m、n、l、r、ng 5 个浊辅音颤动声带，声音响亮，这 5 个浊辅音有乐音成分。其他 17 个清辅音 b、p、f、d、t、g、k、h、j、q、x、zh、ch、sh、z、c、s 都是噪音。

汉语普通话声母都是由辅音充当的，所以它的特点与辅音相同。

（二）辅音的发音部位、发音方法和发音过程

1. 发音部位

发辅音时，口腔对呼出气流构成阻碍的部位。普通话中 22 个辅音音素的发音部位共有 7 处：双唇阻、唇齿阻、舌尖前阻、舌尖中阻、舌尖后阻、舌面阻、舌根阻。辅音主要就是由唇、齿、舌构成阻碍的。

2. 发音方法

发辅音时，呼出气流破除发音部位所构成阻碍的方法。发音方法可分为 5 种：塞音、擦音、塞擦音、鼻音和边音。

3. 辅音发音要领表

普通话辅音按发音部位、发音方法以及送气与否、清浊的区分可以列为以下的辅音发音要领表：

发音部位 发音方法		不送气	送气	鼻音（浊）	擦音（清）	边音（浊）
双唇阻	塞音（清）	b	p	m		
唇齿阻					f	
舌尖中阻		d	t	n		l
舌根阻		g	k	ng	h	
舌面阻	塞擦音（清）	j	q		x	
舌尖后阻		zh	ch		sh	r（浊）
舌尖前阻		z	c		s	

也可以用下列表格形式来表示：

发音部位 / 发音方法		双唇阻	唇齿阻	舌尖前阻	舌尖中阻	舌尖后阻	舌面阻	舌根阻
		上唇 下唇	上齿 下唇	舌尖 上门齿背	舌尖 上门齿龈	舌尖 前硬腭	舌面 硬腭前部	舌根硬软 腭交界处
塞音	不送气	b[p]			d[t]			g[k]
	送气	p[p‘]			t[t‘]			k[k‘]
塞擦音	不送气			z[ts]		zh[tʂ]	j[tɕ]	
	送气			c[ts‘]		ch[tʂ‘]	q[tɕ‘]	
擦音	清音		f[f]	s[s]		sh[ʂ]	x[ɕ]	h[x]
	浊音					r[ʐ]		
鼻音	浊音	m[m]			n[n]			ng[ŋ]
边音	浊音				l[l]			

注：[ ] 内为国际音标。

4. 辅音发音过程

一般可以把辅音的发音归纳为3个阶段，即成阻、持阻和除阻。

成阻：构成阻碍。发音器官的相应部位由静止到形成障碍的发音状态。

持阻：准备发音，是准备发音状态的持续。要蓄积足够的气流，要求有控制，有一定力度。

除阻：冲破阻碍，发出声音。除阻时，要干脆利落，弹吐有力。

（三）声母的发音部位和发音方法

普通话的声母共有21个，均由辅音充当，我们可以根据辅音的发音部位和发音方法来了解和掌握声母的发音部位和发音方法。

1. 普通话声母按发音部位可分为 7 个部位

（1）双唇音：上唇与下唇闭合构成阻碍。普通话有 3 个双唇音：b、p、m。

（2）唇齿音：上门齿与下唇构成阻碍。普通话只有一个唇齿音：f。

（3）舌尖前音（平舌音）：舌尖与上门齿背接触或接近构成阻碍。普通话有 3 个舌尖前音：z、c、s。

（4）舌尖中音：舌尖与上门齿龈（上牙床）构成阻碍。普通话有 4 个舌尖中音：d、t、n、l。

（5）舌尖后音（翘舌音）：舌尖与前硬腭构成阻碍。普通话有 4 个舌尖后音：zh、ch、sh、r。

（6）舌面音：舌面前部与硬腭前部构成阻碍。普通话有 3 个舌面音：j、q、x。

（7）舌根音：舌根与硬腭软腭交界处构成阻碍。普通话有 3 个舌根音：g、k、h。

2. 普通话声母按发音方法可分为 5 种方法

（1）塞音：成阻时，发音部位两点紧闭；持阻时，保持阻碍，呼出气流，蓄在成阻部位之后，引而待发；除阻时，成阻部位突然打开，气流呼出，因爆发、破裂而成声。普通话有 6 个塞音声母：b、p、d、t、g、k。

（2）擦音：成阻时，发音部位两点相接近，接触但不紧密，中间留有狭窄小缝隙；持阻时，呼出气流由发音部位两点间的缝隙挤过，摩擦成声；除阻时，摩擦音已结束。普通话有 6 个擦音声母：f、h、x、s、sh、r。

（3）塞擦音：成阻至持阻前段，状态与塞音相同。持阻的后段即变为擦音的成阻，发音部位两点接近，留有缝隙，使呼出的气流挤过、摩擦发出擦音，至除阻发音结束。普通话有 6 个塞擦音声母：j、q、zh、ch、z、c。

（4）鼻音：成阻时，发音部位两点紧闭，口腔气流通过；持阻时，声母颤动，软腭下垂，鼻腔通路打开，声波与呼出气流经口腔转入鼻腔，口腔与鼻腔产生双重共鸣作用，气流由鼻孔透出，形成鼻音；除阻时，打开口腔通路，发音结束。普通话有 2 个鼻音声母：m、n。

（5）边音：成阻时，发音部位两点即舌尖抬起与上门齿龈后部接触，舌头的两边留有空隙；持阻时，声带颤动，呼出气流与声波由舌前部两边通过后由口透出，发出边音；除阻时，发音部位两点分开，发音结束。普通话有 1 个边音声母：l。

普通话的辅音声母还有“送气音”与“不送气音”、“清音”与“浊音”的区别。

普通话只有塞音和塞擦音区分送气音和不送气音。

送气音：这类辅音发音时气流送出比较快和明显，由于除阻后声门大开，流速较快，在声门以及声门以上的某个狭窄部位造成摩擦，形成送气音。普通话有 6 个送气音：p、t、k、q、ch、c。

不送气音：指发音时，没有送气音特征，又同送气音形成对立的音。普通话有 6 个不送气音：b、d、g、j、zh、z。

普通话有 4 个浊辅音声母：m、n、l、r。普通话除了 4 个浊辅音声母外，其余辅音声母都是清音。

（四）普通话声母的发音要领

b [p]

双唇不送气清塞音（双唇音）

双唇闭合的同时软腭上声，关闭鼻腔通路，气流到达双唇后蓄气，使气息停留在闭合的双唇后面，凭借积蓄在口腔中的气流突然打开双唇，发出声音。

p [p‘]

双唇送气清塞音（双唇音）

p 的发音与 b 的发音基本相同，区别在于 p 音在最后要发出时，声门开启，从肺部呼出一股较强气流，用力冲破双唇，发出声音。

m [m]

双唇浊鼻音（双唇音）

双唇闭合，软腭下垂，打开鼻腔通路，声带振动，气流同时到达口腔和鼻腔，在口腔的双唇后面受到阻碍，气流由鼻孔出来，发出声音。

f [f]

唇齿清擦音（唇齿音）

下唇向上门齿靠拢，形成间隙，同时软腭上升关闭鼻腔通路，使气流从唇齿之间形成的间隙中摩擦通过，发出声音。

d [t]

舌尖中不送气清塞音（舌尖中音）

舌尖抵住上齿龈，形成阻塞，软腭上升，关闭鼻腔通路，气流到达口腔后蓄气，突然解除阻塞，发出声音。

t [t‘]

舌尖中送气清塞音（舌尖中音）

t 的发音过程与 d 基本相同，区别是在最后解除阻碍发出声音时，声门开启，从肺部呼出一股较强的气流。

n [n]

舌尖中浊鼻音（舌尖中音）

舌尖抵住上齿龈，形成阻塞，软腭下垂，打开鼻腔通路，声带振动，气流同时到达口腔和鼻腔，在口腔受到阻碍，使气流从鼻腔透出，发出声音。

l [l]

舌尖中浊边音（舌尖中音）

舌尖抵住上齿龈的后部，阻塞气流从口腔中路通过的通道，软腭上升，关闭鼻腔通路，声带振动，使气流从舌头跟两颊内侧形成的空隙中通过，发出声音。

g [k]

舌面后不送气清塞音(舌根音）

舌面后部隆起，抵住硬腭和软腭的交界处，形成阻塞，软腭上升，关闭鼻腔通路，气流在形成阻塞的部位后面积蓄，突然解除阻塞而发出声音。

k [k‘]

舌面后送气清塞音（舌根音）

k 的发音过程和方法与 g 基本相同，不同的是在最后解除阻碍发出声音时，声门开启，从肺部呼出一股较强的气流。

h [x]

舌面后清擦音（舌根音）

舌面后部隆起，接近硬腭和软腭的交界处，形成间隙，软腭上升，关闭鼻腔通路，使气流从形成的间隙中摩擦通过，发出声音。

j [tɕ]

舌面前不送气清塞擦音（舌面音）

舌尖抵住下门齿背，使舌面前部紧贴硬腭前部，软腭上升，关闭鼻腔通路，在阻塞的部位后面积蓄气流，突然解除阻塞时，在形成阻塞的部位之间保持适度的间隙，使气流从间隙中透出，发出声音。

q [tɕ‘]

舌面前送气清塞擦音（舌面音）

q 与 j 的发音基本相同，不同的是当舌面前部与硬腭前部分离，并形成适度间隙的时候，声门开启，从肺部呼出一股较强的气流，发出声音。

x [ɕ]

舌面前清擦音（舌面音）

舌尖抵住下齿背，使舌面前部接近硬腭前部，形成适度的间隙，气流从空隙摩擦通过，发出声音。

zh [tʂ]

舌尖后不送气清塞擦音（舌尖后音）

舌头前部上举，抵住硬腭前部，同时软腭上升，关闭鼻腔通路，在形成阻塞的部位后面积蓄气流，突然解除阻塞时在形成阻塞的部位之间保持适度的间隙，使气流从间隙透出，发出声音。

ch [tʂʻ]

舌尖后送气清塞擦音（舌尖后音）

ch 与 zh 的发音基本相同，不同的是在突然解除阻碍发出声音时，声门开启，从肺部呼出一股较强的气流。

sh [ʂ]

舌尖后清擦音（舌尖后音）

舌头前部上举，接近硬腭前端，形成适度的间隙，同时软腭上升，关闭鼻腔通路，使气流从间隙摩擦通过，发出声音。

r [ʐ]

舌尖后浊擦音（舌尖后音）

r 的发音位置与 sh 基本相同，不同的是声带振动，摩擦轻微。

z [ts]

舌尖前不送气清塞擦音（舌尖前音）

舌尖抵住上门齿背，形成阻塞，在阻塞的部位后积蓄气流，同时软腭上升，关闭鼻腔通路，突然解除阻塞时，在形成阻塞的部位之间保持适度的间隙，使气流从间隙透出，发出声音。

C [ts‘]

舌尖前送气清塞擦音（舌尖前音）

c 的发音与 z 基本相同，不同的是在突然解除阻塞时，声门开启，从肺部呼出一股较强的气流。

S [s]

舌尖前清擦音（舌尖前音）

舌尖接近上门齿背，形成间隙，同时软腭上升，关闭鼻腔通路，使气流从间隙中摩擦通过，发出声音。

（五）普通话声母发音中常遇到的问题及解决办法

1. 双唇音 b、p、m

问题

我们在发双唇音的时候，一般不会发生发音部位的错误，但通常会有双唇无力、口腔松软的问题。有的人讲话时习惯咧嘴角，咧嘴角就会影响口腔开度，同时力量也会分散，结果是双唇的爆发力必然减弱，字音的清晰度下降。

解决办法

唇部收紧，接触有力，小腹要有控制，气

流集中。力量主要集中在双唇中部，这样声音易于集中。发这三个音需要注意的是，双唇音后面带的是圆唇韵母 o，而不是 e。例如，有的人就把 guǎng bō（广播）的 bō 读成 bē。

发音训练

b

单音节：

北（běi）　博（bó）　包（bāo）
背（bèi）　办（bàn）　播（bō）
班（bān）　部（bù）　把（bǎ）
标（biāo）

双音节：

被捕（bèi bǔ）　北部（běi bù）
背部（bèi bù）　颁布（bān bù）
半步（bàn bù）　斑驳（bān bó）
不变（bú biàn）　必备（bì bèi）
辨别（biàn bié）

四音节：

不依不饶（bù yī bù ráo）
兵不厌诈（bīng bú yàn zhà）
自我标榜（zì wǒ biāo bǎng）
不言不语（bù yán bù yǔ）
不知不觉（bù zhī bù jué）

半斤八两（bàn jīn bā liǎng）

绕口令：

八百标兵奔北坡，炮兵并排北边跑。

炮兵怕把标兵碰，标兵怕碰炮兵炮。

---

p

单音节：

评（píng） 篇（piān） 破（pò）

剖（pōu） 牌（pái） 胖（pàng）

碰（pèng） 怕（pà） 趴（pā）

批（pī）

双音节：

乒乓（pīng pāng） 品牌（pǐn pái）

批评（pī píng） 匹配（pǐ pèi）

翩翩（piān piān） 皮袍（pí páo）

枇杷（pí pa） 噼啪（pī pā）

婆婆（pó po）

四音节：

怕疼怕痒（pà téng pà yǎng）

疲于奔命（pí yú bēn mìng）

披星戴月（pī xīng dài yuè）

披荆斩棘（pī jīng zhǎn jí）

普天同庆（pǔ tiān tóng qìng）

品头论足（pǐn tóu lùn zú）

绕口令：

碰碰车，车碰碰，坐着朋朋和平平。

平平开车碰朋朋，朋朋开车碰平平。
不是平平碰朋朋，就是朋朋碰平平。

---

m

单音节：

忙（máng） 名（míng） 没（méi）
米（mǐ） 缪（miù） 门（mén）
梦（mèng） 满（mǎn） 敏（mǐn）
妈（mā）

双音节：

命名（mìng míng） 美妙（měi miào）
密码（mì mǎ） 妹妹（mèi mei）
买卖（mǎi mài） 默默（mò mò）
秘密（mì mì） 磨灭（mó miè）
满目（mǎn mù）

四音节：

盲人摸象（máng rén mō xiàng）
眉清目秀（méi qīng mù xiù）
没完没了（méi wán méi liǎo）
美轮美奂（měi lún měi huàn）
闷闷不乐（mèn mèn bú lè）
明媒正娶（míng méi zhèng qǔ）

绕口令：

白庙外蹲着一只白猫，白庙里有一顶白

帽。白庙外的白猫看见了白帽，叼着白庙里的白帽跑出了白庙。

2. 唇齿音 f

问题

发唇齿音 f 的时候，上齿咬住下唇发音，笨拙、吃力，不讨好。

解决办法

上齿要与下唇自然接触，成阻面积不要过大，同时要注意节制气流。

发音训练

f

单音节：

飞（fēi）　方（fāng）　风（fēng）
房（fáng）　冯（féng）　凡（fán）
费（fèi）　服（fú）　发（fā）
分（fēn）

双音节：

方法（fāng fǎ）　丰富（fēng fù）
仿佛（fǎng fú）　防范（fáng fàn）

反复（fǎn fù）　　付费（fù fèi）
夫妇（fū fù）　　非法（fēi fǎ）
肺腑（fèi fǔ）

四音节：
繁荣富强（fán róng fù qiáng）
丰衣足食（fēng yī zú shí）
肺腑之言（fèi fǔ zhī yán）
奋不顾身（fèn bú gù shēn）
丰富多彩（fēng fù duō cǎi）
翻天覆地（fān tiān fù dì）

绕口令：
粉红墙上画凤凰，凤凰画在粉红墙。
红凤凰、粉凤凰，红粉凤凰、花凤凰。

3. 舌尖中音 d、t、n、l

问题

在发 d、t、n、l 时，舌尖缺乏力度，没有弹性，使整个字音松散，失去准确性。

解决办法

让舌头灵活有力地弹动上齿龈，训练舌的弹卷力，特别是注意训练舌尖的力量。n、l 这两个音不少人都不会分辨，他们的区别主要是：l 在发音时，舌尖要抵住上齿龈的后部，比 n 要稍后一些，气息由舌的两边出来，而 n 是鼻孔出气。发音时要抓住这个区分的要点。

发音训练

d

单音节：

的（de）　到（dào）　都（dōu）
对（duì）　大（dà）　得（dé）
度（dù）　第（dì）　电（diàn）
灯（dēng）

双音节：

调动（diào dòng）　订单（dìng dān）
导弹（dǎo dàn）　得到（dé dào）
地点（dì diǎn）　等待（děng dài）
道德（dào dé）　单独（dān dú）
点滴（diǎn dī）

四音节：

大开眼界（dà kāi yǎn jiè）
大展宏图（dà zhǎn hóng tú）
大彻大悟（dà chè dà wù）

打道回府（dǎ dào huí fǔ）

大材小用（dà cái xiǎo yòng）

多才多艺（duō cái duō yì）

绕口令：

调到敌岛打特盗，特盗太刁投短刀。

挡推顶打短刀掉，踏盗得刀盗打倒。

---

t

单音节：

同（tóng）	通（tōng）	图（tú）
太（tài）	听（tīng）	天（tiān）
弹（tán）	他（tā）	特（tè）
跳（tiào）		

双音节：

疼痛（téng tòng）	甜头（tián tou）
天坛（tiān tán）	体贴（tǐ tiē）
探讨（tàn tǎo）	团体（tuán tǐ）
天堂（tiān táng）	贴图（tiē tú）
推脱（tuī tuō）	

四音节：

同甘共苦（tóng gān gòng kǔ）

突如其来（tū rú qí lái）

推波助澜（tuī bō zhù lán）

通宵达旦（tōng xiāo dá dàn）

同舟共济（tóng zhōu gòng jì）
谈天说地（tán tiān shuō dì）

绕口令：

白石塔，白石搭，白石搭白塔，白塔白石搭。
搭好白石塔，白塔白又大。

---

n

单音节：

鸟（niǎo）	年（nián）	能（néng）
女（nǚ）	内（nèi）	牛（niú）
奶（nǎi）	男（nán）	闹（nào）
拿（ná）		

双音节：

奶奶（nǎi nai）	袅袅（niǎo niǎo）
牛奶（niú nǎi）	恼怒（nǎo nù）
妞妞（niū niu）	能耐（néng nài）
妮妮（nī ni）	拿捏（ná niē）
农奴（nóng nú）	

四音节：

能言善辩（néng yán shàn biàn）
浓墨重彩（nóng mò zhòng cǎi）
蹑手蹑脚（niè shǒu niè jiǎo）
难解难分（nán jiě nán fēn）

难兄难弟（nàn xiōng nàn dì）
扭扭捏捏（niǔ niǔ niē niē）

绕口令：
学习就怕满、懒、难。心里有了满、懒、难，学习就会有困难。心里丢掉满、懒、难，永不自满永向前。

单音节：
两（liǎng） 了（liǎo） 来（lái）
里（lǐ） 楼（lóu） 龙（lóng）
刘（liú） 林（lín） 路（lù）
老（lǎo）

双音节：
玲珑（líng lóng） 琉璃（liú lí）
力量（lì liang） 联络（lián luò）
嘹亮（liáo liàng） 利率（lì lǜ）
浏览（liú lǎn） 流量（liú liàng）
老练（lǎo liàn）

四音节：
流连忘返（liú lián wàng fǎn）
狼吞虎咽（láng tūn hǔ yàn）
礼尚往来（lǐ shàng wǎng lái）

老马识途（lǎo mǎ shí tú）
力挽狂澜（lì wǎn kuáng lán）
愣头愣脑（lèng tóu lèng nǎo）

绕口令：
六十六岁的陆老头，盖了六十六间楼，买了六十六篓油，养了六十六头牛，栽了六十六棵垂杨柳。六十六篓油，堆在六十六间楼；六十六头牛，扣在六十六棵垂杨柳。忽然一阵狂风起，吹倒了六十六间楼，翻倒了六十六篓油，折断了六十六棵垂杨柳，砸死了六十六头牛，急煞了六十六岁的陆老头。

4. 舌尖前音 z、c、s

问题

这组音也是最容易产生问题的一组音，主要问题是：
（1）在发 z、c、s 时，舌尖没有与上齿背成阻，跑到两齿中间去了，造成说话“大舌头”现象。
（2）舌的前半部分整个都贴住上齿背，造成舌中部无力，接触面过大，力量不集中。

解决办法

首先是接触部位要准确，是舌尖与上齿背成阻，而不是舌前部整个贴在上齿背上；其次是成阻面要小，力量要集中。特别是要避免舌尖伸到两齿中间造成齿间音。

发音训练

Z

单音节：

在（zài）　暂（zàn）　做（zuò）
总（zǒng）　最（zuì）　走（zǒu）
赠（zèng）　怎（zěn）　贼（zéi）
杂（zá）

双音节：

作者（zuò zhě）　组织（zǔ zhī）
制作（zhì zuò）　转载（zhuǎn zǎi）
赞助（zàn zhù）　自助（zì zhù）
制造（zhì zào）　杂志 (zá zhì)
栽赃（zāi zāng）

四音节：

自作主张（zì zuò zhǔ zhāng）
自得其乐（zì dé qí lè）

责无旁贷（zé wú páng dài）

左右为难（zuǒ yòu wéi nán）

字里行间（zì lǐ háng jiān）

载歌载舞（zài gē zài wǔ）

绕口令：

早晨早早起，早起做早操。

人人做早操，做操身体好。

C

单音节：

才（cái）　从（cóng）　曾（céng）

词（cí）　次（cì）　凑（còu）

村（cūn）　错（cuò）　彩（cǎi）

册（cè）

双音节：

层次（céng cì）　从此（cóng cǐ）

猜测（cāi cè）　曹操（cáo cāo）

催促（cuī cù）　参差（cēn cī）

粗糙（cū cāo）　摧残（cuī cán）

璀璨（cuǐ càn）

四音节：

沧海桑田（cāng hǎi sāng tián）

藏龙卧虎（cáng lóng wò hǔ）

此起彼伏（cǐ qǐ bǐ fú）

寸步难行（cùn bù nán xíng）
惨不忍睹（cǎn bù rěn dǔ）
层出不穷（céng chū bù qióng）

绕口令：
镇江路、镇江醋，镇江名醋出此处，此处买错醋，老崔买醋太疏忽，匆匆促促买错醋，买了错醋味不足。

S

单音节：

宋（sòng）　三（sān）　森（sēn）
算（suàn）　苏（sū）　岁（suì）
孙（sūn）　色（sè）　死（sǐ）
四（sì）

双音节：

损伤（sǔn shāng）　搜索（sōu suǒ）
宿舍（sù shè）　诉说（sù shuō）
诉讼（sù sòng）　赛事（sài shì）
思索（sī suǒ）　四十（sì shí）
色素（sè sù）

四音节：

随心所欲（suí xīn suǒ yù）
四平八稳（sì píng bā wěn）
肃然起敬（sù rán qǐ jìng）

四面楚歌（sì miàn chǔ gē）
损兵折将（sǔn bīng zhé jiàng）
瑟瑟发抖（sè sè fā dǒu）

绕口令：
四是四，十是十，十四是十四，四十是四十。莫把四字说成十，休将十字说成四。若要分清四十和十四，经常练说十和四。

5. 舌尖后音 zh、ch、sh、r

问题

在发 zh、ch、sh、r 这四个音时，有些人对舌尖后音的发音部位掌握不准，容易和舌尖前音相混。还有的是将这组声母发得比较靠后，把翘舌音发成了卷舌音。

解决办法

如果是发音偏前，舌尖应尽量往后移，顶住硬腭，口腔打开一些。如果把翘舌音发成了卷舌音，就要练习舌尖翘起这个动作。方法是：对准镜子张开嘴，把卷舌的动作前伸，接近于伸平，目标是上齿龈后部，反复练习多次，就会达到翘舌的目的了。

发音训练

zh

单音节：

张（zhāng）　中（zhōng）　正（zhèng）
周（zhōu）　这（zhè）　种（zhǒng）
真（zhēn）　至（zhì）

双音节：

真正（zhēn zhèng）
这种（zhè zhǒng）
站长（zhàn zhǎng）
战争（zhàn zhēng）
抓住（zhuā zhù）
注重（zhù zhòng）

四音节：

纸上谈兵（zhǐ shàng tán bīng）
朝三暮四（zhāo sān mù sì）
志同道合（zhì tóng dào hé）
直言不讳（zhí yán bú huì）
知己知彼（zhī jǐ zhī bǐ）
蒸蒸日上（zhēng zhēng rì shàng）

绕口令：

认识从实践始，实践出真知。知道就是知道，不知道就是不知道。不要知道说不知道，也不要不知道说知道。老老实实，实事求是，一定做到不折不扣的真知道。

---

ch

单音节：

穿（chuān） 长（cháng） 初（chū）

超（chāo） 处（chù） 成（chéng）

除（chú） 车（chē） 陈（chén）

春（chūn）

双音节：

长城（cháng chéng） 乘除（chéng chú）

出差（chū chāi） 乘车（chéng chē）

传承（chuán chéng） 唇齿（chún chǐ）

出处（chū chù） 长春（cháng chūn）

拆除（chāi chú）

四音节：

成竹在胸（chéng zhú zài xiōng）

车水马龙（chē shuǐ mǎ lóng）

出口成章（chū kǒu chéng zhāng）

沉默寡言（chén mò guǎ yán）

称心如意（chèn xīn rú yì）

馋涎欲滴（chán xián yù dī）

绕口令：

爬来爬去是蚕，飞来飞去是蝉。蚕常在桑

叶里藏，蝉藏在树林里唱。

sh

单音节：

说（shuō）　时（shí）　上（shàng）
使（shǐ）　舌（shé）　市（shì）
水（shuǐ）　顺（shùn）　数（shù）
收（shōu）

双音节：

受伤（shòu shāng）　师生（shī shēng）
事实（shì shí）　收视（shōu shì）
上声（shǎng shēng）　时尚（shí shàng）
实施（shí shī）　设施（shè shī）
史书（shǐ shū）

四音节：

闪闪烁烁（shǎn shǎn shuò shuò）
水涨船高（shuǐ zhǎng chuán gāo）
双喜临门（shuāng xǐ lín mén）
手舞足蹈（shǒu wǔ zú dǎo）
是非分明（shì fēi fēn míng）
审时度势（shěn shí duó shì）

绕口令：

公园有四排石狮子，每排是十四只大石狮子，每只大石狮子背上是一只小石狮子，每只大石狮子脚边是四只小石狮子。史老师领四十四个学生去数石狮子，你说共数出多少只大石狮子和多少只小石狮子？

---

r

单音节：

软（ruǎn） 让（ràng） 若（ruò）
柔（róu） 热（rè） 荣（róng）
然（rán） 仁（rén） 如（rú）
日（rì）

双音节：

忍让（rěn ràng） 仍然（réng rán）
融入（róng rù） 荏苒（rěn rǎn）
柔软（róu ruǎn） 容忍（róng rěn）
荣辱（róng rǔ） 软弱（ruǎn ruò）
闰日（rùn rì）

四音节：

热情洋溢（rè qíng yáng yì）
人才辈出（rén cái bèi chū）
日理万机（rì lǐ wàn jī）
如花似锦（rú huā sì jǐn）
容光焕发（róng guāng huàn fā）
燃眉之急（rán méi zhī jí）

绕口令：

任命、人名，任命是任命，人名是人名，

任命人名不能错，错了人名错任命。

6. 舌面音 j、q、x

问题

j、q、x 这组音也是最容易出现发音问题的，那就是容易把这几个音发成尖音，如把 xīn xiān（新鲜）发成 sīn siān 等，而汉语普通话没有尖音。

解决办法

发音时，舌尖务必要抵住下齿背，注意不要让舌尖放到两齿之间，更不能碰到上齿。在汉语普通话中，j、q、x 只能和前高元音 i、ü 相拼。

发音训练

j

单音节：

将（jiāng）　杰（jié）　进（jìn）

军（jūn）　见（jiàn）　卷（juàn）

家（jiā）　就（jiù）　级（jí）

举（jǔ）

双音节：

简介（jiǎn jiè） 经济（jīng jì）

接近（jiē jìn） 解决（jiě jué）

京剧（jīng jù） 基金（jī jīn）

紧急（jǐn jí） 积极（jī jí）

四音节：

斤斤计较（jīn jīn jì jiào）

将计就计（jiāng jì jiù jì）

积极进取（jī jí jìn qǔ）

机不可失（jī bù kě shī）

急中生智（jí zhōng shēng zhì）

捐弃前嫌（juān qì qián xián）

绕口令：

九月九，九个酒迷喝醉酒。九个酒杯九杯酒，九个酒迷喝九口。喝罢九口酒，又倒九杯酒。九个酒迷端起酒，“咕咚、咕咚”又九口。九杯酒，酒九口，喝罢九个酒迷醉了酒。

---

q

单音节：

全（quán） 前（qián） 去（qù）

其（qí） 期（qī） 请（qǐng）

窃（qiè） 却（què） 区（qū）

起（qǐ）

双音节：

全球（quán qiú） 齐全（qí quán）
秦腔（qín qiāng） 崎岖（qí qū）
请求（qǐng qiú） 侵权（qīn quán）
前期（qián qī） 情趣（qíng qù）
欠缺（qiàn quē）

四音节：

七上八下（qī shàng bā xià）
旗开得胜（qí kāi dé shèng）
骑虎难下（qí hǔ nán xià）
奇光异彩（qí guāng yì cǎi）
气吞山河（qì tūn shān hé）
群策群力（qún cè qún lì）

绕口令：

北边来了一个瘸子，背着一捆橛子。南边来了一个瘸子，背着一筐茄子。背橛子的瘸子打了背茄子的瘸子一橛子。背茄子的瘸子打了背橛子的瘸子一茄子。

X

单音节：

向（xiàng） 星（xīng） 小（xiǎo）
行（xíng） 下（xià） 想（xiǎng）
现（xiàn） 学（xué） 心（xīn）
系（xì）

双音节：

形象（xíng xiàng）　休闲（xiū xián）

信息（xìn xī）　学校（xué xiào）

相信（xiāng xìn）　休息（xiū xi）

学习（xué xí）　谢谢（xiè xie）

心绪（xīn xù）

四音节：

习以为常（xí yǐ wéi cháng）

狭路相逢（xiá lù xiāng féng）

喜笑颜开（xǐ xiào yán kāi）

洗耳恭听（xǐ ěr gōng tīng）

细水长流（xì shuǐ cháng liú）

血雨腥风（xuè yǔ xīng fēng）

绕口令：

小妞妞，叫小秋，梳着两个小抓鬏。小胖胖，叫小牛，穿着一个小兜兜。小秋帮着小牛系扣扣，小牛帮着小秋剥豆豆。小秋、小牛手拉手，一块儿玩，一块儿走。

7. 舌根音 g 、k、h

问题

g、k、h 这三个音是 21 个声母中发音最靠后的音，音色也是属于最暗的一组音。许多男士为了追求声音的浑厚，常把这三个音发得过于靠后，这种发音方法会影响声音的清晰度，喉音的产生和它有直接的关系。

解决办法

在发 g 、k、h 这几个音时，舌位要有意识地前移，也就是“后音前发”。

发音训练

g

单音节：

光（guāng）　刚（gāng）　给（gěi）
跟（gēn）　高（gāo）　更（gèng）
国（guó）　够（gòu）　该（gāi）
个（gè）

双音节：

公共（gōng gòng）　公告（gōng gào）
故宫（gù gōng）　规格（guī gé）
广告（guǎng gào）　古怪（gǔ guài）
改革（gǎi gé）　故国（gù guó）
骨干（gǔ gàn）

四音节：

功成名就（gōng chéng míng jiù）

歌功颂德（gē gōng sòng dé）

光明磊落（guāng míng lěi luò）

各抒己见（gè shū jǐ jiàn）

根深蒂固（gēn shēn dì gù）

敢想敢干（gǎn xiǎng gǎn gàn）

绕口令：

哥挎瓜筐过宽沟，赶快过沟看怪狗。

光看怪狗瓜筐扣，瓜滚筐空哥怪狗。

---

k

单音节：

快（kuài） 空（kōng） 看（kàn）

可（kě） 开（kāi） 款（kuǎn）

口（kǒu） 靠（kào） 库（kù）

卡（kǎ）

双音节：

慷慨（kāng kǎi） 可靠（kě kào）

开阔（kāi kuò） 旷课（kuàng kè）

宽阔（kuān kuò） 刻苦（kè kǔ）

开口（kāi kǒu） 开垦（kāi kěn）

亏空（kuī kōng）

四音节：

刻舟求剑（kè zhōu qiú jiàn）

开拓进取（kāi tuò jìn qǔ）

空口无凭（kōng kǒu wú píng）

开门见山（kāi mén jiàn shān）

侃侃而谈（kǎn kǎn ér tán）

可歌可泣（kě gē kě qì）

绕口令：

王婆卖瓜又卖花，一边卖来一边夸，又夸花，又夸瓜，夸瓜大，夸花好，瓜大花好笑哈哈。

---

h

单音节：

好（hǎo） 环（huán） 会（huì）

后（hòu） 话（huà） 或（huò）

红（hóng） 汉（hàn） 魂（hún）

黑（hēi）

双音节：

绘画（huì huà） 很好（hěn hǎo）

黄河（huáng hé） 辉煌（huī huáng）

后悔（hòu huǐ） 豪华（háo huá）

浑厚（hún hòu） 回话（huí huà）

合伙（hé huǒ）

四音节：
红红火火（hóng hong huǒ huo）
含含糊糊（hán han hū hu）
焕然一新（huàn rán yī xīn）
欢天喜地（huān tiān xǐ dì）
货真价实（huò zhēn jià shí）
哼哈二将（hēng hā èr jiàng）

绕口令：
一朵粉红大荷花，趴着一只活蛤蟆。
八朵粉红大荷花，趴着八只活蛤蟆。

（六）普通话声母的辨音和对比训练

1. 送气音和不送气音的分辨

发音时呼出气流较强的音称为送气音；发音时吐出气流较弱的音称为不送气音。需要注意的是：现代汉语普通话中，不送气音和送气音的对立只限于塞音和塞擦音，并形成整齐的对应。擦音没有送气不送气的区别。送气音和不送气音在普通话中有分辨词义的作用。在发送气音的时候要注意控制气流，避免噪音和杂音。

对比训练

b～p

被俘（bèi fú）	～	佩服（pèi fú）
鼻子（bí zi）	～	皮子（pí zi）
鄙视（bǐ shì）	～	批示（pī shì）
鼻炎（bí yán）	～	皮炎（pí yán）

---

d～t

队伍（duì wu）	～	退伍（tuì wǔ）
丹心（dān xīn）	～	贪心（tān xīn）
堵住（dǔ zhù）	～	土著（tǔ zhù）
道路（dào lù）	～	套路（tào lù）

---

g～k

关心（guān xīn）	～	宽心（kuān xīn）
干完（gàn wán）	～	看完（kàn wán）
天宫（tiān gōng）	～	天空（tiān kōng）
鼓励（gǔ lì）	～	苦力（kǔ lì）

---

j～q

圈钱（quān qián）	～	捐钱（juān qián）
金笔（jīn bǐ）	～	亲笔（qīn bǐ）
精华（jīng huá）	～	清华（qīng huá）
吉利（jí lì）	～	绮丽（qǐ lì）

2. 平舌音与翘舌音的分辨

在发这两组音时，我们首先要能够听辨，也就是要能辨别出什么是平舌音，什么是翘舌音。特别是要找准这两组音的区别点。平舌音是舌尖与上齿龈接触或接近发出的声音，而翘舌音则是舌尖抵住或接近硬腭发出的声音，这是区分平翘舌音的关键点。

对比训练

z～zh	小邹（xiǎo zōu）	～	小周（xiǎo zhōu）
	自力（zì lì）	～	智力（zhì lì）
	栽花（zāi huā）	～	摘花（zhāi huā）
	暂时（zàn shí）	～	战时（zhàn shí）
c～ch	重新（chóng xīn）	～	从新（cóng xīn）
	鱼刺（yú cì）	～	鱼翅（yú chì）
	擦手（cā shǒu）	～	插手（chā shǒu）
	粗气（cū qì）	～	出气（chū qì）
s～sh	散开（sǎn kāi）	～	闪开（shǎn kāi）
	塞子（sāi zi）	～	筛子（shāi zi）
	三哥（sān gē）	～	山歌（shān gē）
	四十（sì shí）	～	事实（shì shí）

3. 翘舌音与舌面音的分辨

分辨这两组声母，要搞清楚它们的共同点和不同点。共同点是发音方法都是塞擦音、不送气音，不同点是它们的发音部位不同。发翘舌音时，是用舌尖抵住或接近硬腭，而在发舌面音时，是用舌尖抵住下齿背，使舌面前部紧贴或接近硬腭前部，并形成适度的间隙。

对比训练

zh~j

标志（biāo zhì）	~	标记（biāo jì）
朝气（zhāo qì）	~	娇气（jiāo qì）
质量（zhì liàng）	~	计量（jì liàng）
杂志（zá zhì）	~	杂技（zá jì）

ch~q

缠身（chán shēn）	~	前身（qián shēn）
痴人（chī rén）	~	奇人（qí rén）
船身（chuán shēn）	~	全身（quán shēn）
池子（chí zi）	~	旗子（qí zi）

sh~x

时髦（shí máo）	~	熊猫（xióng māo）
湿气（shī qì）	~	吸气（xī qì）
诗人（shī rén）	~	袭人（xí rén）
时间（shí jiān）	~	席间（xí jiān）

4. 唇齿音与舌根音的分辨

分辨这两个音首先是要清楚它们的发音方法是一样的，都是清擦音。然后要搞清楚它们的不同点，不同点是在成阻部位上。唇齿音 f 是上齿和下唇形成阻碍，而舌根音 h 的成阻部位是在舌根和硬腭与软腭的交界处。了解了发音部位的不同，就要着重练习这两个音，这是分辨这两个声母的前提。同时，还应该加强听力训练，要从听感上灵敏地区分 f 和 h。

对比训练

f~h	公费（gōng fèi）	~	工会（gōng huì）
	废话（fèi huà）	~	绘画（huì huà）
	开发（kāi fā）	~	开花（kāi huā）
	开放（kāi fàng）	~	开荒（kāi huāng）

5. 鼻音与边音的分辨

这两个音的发音部位是相同的，都是用舌尖抵住上齿龈，不同的只是发音方法。n 是鼻音，发音时，气流从鼻腔流出；l 是边音，发音时，气流从舌的两边流出。如感觉不到，可把鼻子堵住，发音困难的，就是鼻音。相反，发音不困难的就是边音。

对比训练

n~l

难住（nán zhù）	~	拦住（lán zhù）
男子（nán zǐ）	~	篮子（lán zi）
留念（liú niàn）	~	留恋（liú liàn）
女客（nǚ kè）	~	旅客（lǚ kè）

（七）我国部分方言区在发辅音声母时常出现的一些问题及纠错训练

1. zh、ch、sh

问题

我国辽宁多数地方在说话时没有 zh、ch、sh 声母，普通话读 zh、ch、sh 的字，辽宁多数读成 z、c、s。整个东北地区也经常会有把 z、c、s 读成 zh、ch、sh 的。如：把 zǔ guó（祖国）发成 zhǔ guó、chī cù（吃醋）发成 chī chù。此外，还有把 zh、ch、sh 发成卷舌音，也有把翘舌音发得偏前的情况，这种情况在南方省份出现得比较多。

纠错训练

在发 zh、ch、sh 时，应将舌尖翘起，对着硬腭前端（有棱楞的地方）去发音。

2. z、c、s

问题

将 z、c、s 与翘舌音发生混淆，造成平翘不分，是多数地方的人常出现的发音问题，不过平翘不分经过学习，还是容易区分和掌握的。难点是，许多地方的人把它发成齿间音，例如，湖南、山东等地。还有的人在发音时，舌与上齿背的接触面过大，听上去像是大舌头。

纠错训练

山随水，水随山，三山四水四处艳。

3. n、l 不分

问题

许多地方的人在发 n、l 时经常混乱不分，如把 nán zǐ（男子）发成 lán zǐ，shuǐ niú（水牛）发成 shuǐ liú。

纠错训练

在发鼻音 n 时，舌尖顶上齿龈，阻挡气流通路，气流不能从口腔中流出，而后声带颤动，软腭下降，气流从鼻腔流出。发边音 l 时，舌尖也顶上齿龈，但两边留有空隙，声带颤动，软腭打开，声音和气流从舌两边流出。

眼内（yǎn nèi） ~ 眼泪（yǎn lèi）
无奈（wú nài） ~ 无赖（wú lài）
送你（sòng nǐ） ~ 送礼（sòng lǐ）
那日（nà rì） ~ 腊日（là rì）
姑娘（gū niang） ~ 估量（gū liang）
大怒（dà nù） ~ 大陆（dà lù）

4. f、h 混乱

问题

f、h 混乱的现象湖南最为严重。湖南人经常把 hú nán（湖南）发成 fú nán，kāi huā（开花）发成 kāi fā。此外，福建、广东、江西等地的人也有把 gōng fèi（公费）发成 gōng huì，xìng fú（幸福）发成 xìng hú 的现象。

纠错训练

发展（fā zhǎn） ~ 花展（huā zhǎn）
凡是（fán shì） ~ 环视（huán shì）

副手（fù shǒu） ~ 护手（hù shǒu）
废话（fèi huà） ~ 绘画（huì huà）
防空（fáng kōng） ~ 航空（háng kōng）
分头（fēn tóu） ~ 昏头（hūn tóu）
防风（fáng fēng） ~ 黄蜂（huáng fēng）
分发（fēn fā） ~ 昏花（hūn huā）
房山（fáng shān） ~ 黄山（huáng shān）
分配（fēn pèi） ~ 婚配（hūn pèi）
公费（gōng fèi） ~ 工会（gōng huì）
飞赴（fēi fù） ~ 恢复（huī fù）

5. r、l 不分

问题

江苏、江西、浙江、湖南、湖北人发音时，常常 r、l 不分。如：把 chū lù（出路）发成 chū rù，tiān rán（天然）发成 tiān lán，rù zi（褥子）发成 lù zi。

纠错训练

燃料（rán liào） 染料（rǎn liào）
让路（ràng lù） 扰乱（rǎo luàn）
热恋（rè liàn） 热烈（rè liè）
热流（rè liú） 人类（rén lèi）
人力（rén lì） 日历（rì lì）
让利（ràng lì） 蹂躏（róu lìn）

人流（rén liú）	热流（rè liú）
日落（rì luò）	锐利（ruì lì）
例如（lì rú）	乳酪（rǔ lào）

（八）发声母时口腔控制要领

声母发不好、发不准的原因除了发音部位不准确、发音方法不对、方言习惯错误等，还有唇舌无力，没有掌握正确、科学的发音方法问题。这需要我们平常加强对声母的发音训练，特别是要多练 b、p、m、d、t、n、l。这可以加强我们的唇舌力度。同时，我们可以通过练习喷、弹、啃、吐、摩来掌握发好声母的要领和技巧。

喷：双唇声母用喷法，但不能裹唇。

弹：舌尖音用弹法，舌要灵活、有力。

啃：舌根音用啃法，舌根要顶住。

吐：吐要吐得干净利落，不要拖泥带水。

摩：擦音摩擦声不能太大。

我们也可以通过下面两个练习来增强唇舌的力度：

（1）初八十八二十八，几个小孩拔萝卜，你也拔，我也拔，看谁拔得多，看谁拔得大。你拔得不多个不小，我拔得不少个不大，一个萝卜一个坑，算算多少用车拉。

（2）我拍得急，拍得准，能直拍、横拍、斜拍、竖拍、左拍、右拍和对拍，左旋拍，右旋拍，上旋拍，下旋拍，拍得不响，拍得不舒服我保证不拍。

（九）零声母

零声母也是一种声母。实验语音学证明，零声母往往也有特定的、具有某些辅音特性的起始方式。普通话零声母可以分为两类：开口呼零声母和非开口呼零声母。

非开口呼零声母，即除开口呼以外的齐齿呼、合口呼、撮口呼三种零声母的起始方式：

齐齿呼零声母音节汉语拼音用隔音字母 y 开头，由于起始部分没有辅音声母，实际发音带有轻微摩擦，是半元音［j］，半元音仍属辅音类。合口呼零声母音节汉语拼音用隔音字母 w 开头，实际发音带有轻微摩擦，是半元音［w］或齿唇通音［ʋ］。撮口呼零声母音节汉语拼音用隔音字母 y（yu）开头，实际发音带有轻微的摩擦，是半元音［ɥ］。

开口呼零声母汉语拼音字母不表示。不经过专门的语音训练，人们一般感觉不到 ɑ、o、e 开头的音节还有微弱的辅音存在，因为这些音节开头的辅音成分没有辨义作用，我们可以忽略不计。

发音例词：

额外（é wài）	永远（yǒng yuǎn）	孕育（yùn yù）
谣言（yáo yán）	恩爱（ēn ài）	踊跃（yǒng yuè）
洋溢（yáng yì）	忘我（wàng wǒ）	偶尔（ǒu ěr）
威望（wēi wàng）	医药（yī yào）	万物（wàn wù）

二、优美动听的字音从这里诞生

“元音是河，辅音是岸”是俄罗斯语言学家伏尔康斯基在《富于表现力的语言》一书中的至理名言。笔者以为，伏尔康斯基用“河、岸”来比喻元音和辅音的关系同样也适用于汉语普通话。元音圆润、明亮、通畅，在普通话语音中占有极大优势。普通话语音中没有不包含元音的音节，而辅音则不能自成音节，必须和元音配合使用（极少数的语气词和象声词如哼、嗯等除外）。

（一）元音及其发音特点

1. 什么是元音

元音是音素的一种。《现代汉语规范字典》中是这样解释“元”的：“元”是第一、为首、主要、根本的意思。可以想见，元音在普通话音节里所占有的重要位置。在汉语普通话中，元音最响亮、优美，发元音时气流通过声门，冲开闭拢的声带，声带颤动产生乐音声波，经过口腔时，受口腔形状、大小的变化影响，发出不同的元音。汉语普通话中有 32 个音素，除了辅音音素 22 个外，元音音素有 10 个。

2. 元音的特点

（1）响亮、通畅、圆润、乐音成分多，普通话语音中没有无元音的音节。

（2）声带颤动，不用较强的气流就能产生乐音，而且声音也很响亮。

（3）发元音时，气流在口腔中不受阻碍，畅通无阻。

（4）发音器官均衡紧张，不像辅音只有阻碍气流的那部分肌肉紧张。

（二）什么是韵母

按汉语语音学的传统分析方法，把汉语音节中声母以后的部分叫韵母。韵母由单元音或复合音充当。普通话中有 39 个韵母。韵母的主要组成部分是元音，但元音不等于韵母。韵母最少由 1 个元音，也可以由 2 个或 3 个元音组成。韵母中也可以有辅音，韵母中的辅音总是放在韵尾。普通话中只有两个鼻辅音 n 和 ng 可以做韵尾。

韵母可分为三部分，即：韵头、韵腹和韵尾，又可以分别叫做介音、主要元音和尾音。韵母由单元音充当的，这个元音就是韵腹。由 2 个或 3 个元音充当韵母时，其中口腔开度最大，声音最响亮的那个元音是韵腹。韵腹前面的元音是韵头，后面的元音或辅音是韵尾。一个韵母可以没有韵头或韵尾，但是不可以没有韵腹。

（三）韵母的分类

普通话39个韵母中23个由元音（单元音或复合元音）充当，16个由元音附带鼻辅音韵尾构成。普通话韵母的韵头有i-、u-、ü- 3个，韵尾有4个，其中2个元音韵尾 -i、-ü和2个辅音韵尾 -n、-ng。

普通话的韵母可以分成单韵母、复韵母和鼻韵母三大类：普通话有10个单韵母，即：ɑ、o、e、ê、i、u、ü，两个舌尖音 -i（前）、-i（后）和一个卷舌元音er。有13个复韵母，即：ɑi、ei、ɑo、ou、iɑ、ie、uɑ、uo、üe、iɑo、iou、uɑi、uei。有16个鼻韵母，即：ɑn、en、iɑn、in、uɑn、uen、üɑn、ün、ɑng、eng、iɑng、ing、uɑng、ueng、ong、iong。

汉语音韵学还根据韵母开头的实际发音把韵母分为“开口呼”、“齐齿呼”、“合口呼”、“搓口呼”四类。普通话有15个开口呼韵母：ɑ、o、e、ê、ɑi、ei、ɑo、ou、ɑn、en、ɑng、eng、-i（前）、-i（后）、er。有9个齐齿呼韵母：i、iɑ、ie、iɑo、iou、iɑn、in、iɑng、ing。有10个合口呼韵母：u、uɑ、uo、uɑi、uei、uɑn、uen、uɑng、ueng、ong。有5个撮口呼韵母：ü、üe、üɑn、ün、iong。

（四）韵母的发音

韵母在汉字音节中发挥着重要的作用，汉语普通话语音响亮、圆润，有音乐感的特点都来自于韵母部分。在《现代汉语词典》中，对“韵”的解释是好听的声音，如琴声悠扬、松声竹韵等。所以，我们不仅应该把韵母发得准确，而且还要发得圆润、明亮、悠扬。同时，在练习韵母部分的发音，特别是单元音韵母部分的发音时，应该学会掌握开音稍闭、闭音稍开、前音稍后、后音稍前、圆唇扁发、扁唇圆发的方法，使其在语流中更加明亮、清晰、集中、悦耳。 自古以来，我们中国人在做任何事情的时候，都遵循着和谐、平衡的理念，这种和谐、平衡的理念也是我们发好汉语普通话语音所遵循的根本原则。例如：人们在发圆唇音 u、ü、o 时，双唇向前撮敛成喇叭形，好像声腔前部加了个声筒，使声音延长了，不仅容易使声音发闷，而且也影响美观。而采用圆唇扁发的方法，会使其双唇成扁圆形，利用双唇口部聚拢的力量，带动嘴角微微向前，这样双唇肌肉既容易绷紧，也不影响人在说话时候的面部美观，而且发出的声音自然响亮、不闷不暗。

1. 单元音韵母的发音

（1）什么是单元音韵母。

单元音韵母简称单韵母。普通话里有 10 个单元音韵母：7 个舌面音，即 ɑ、o、e、ê、i、u、ü，2 个舌尖音 -i（前）、-i（后）和 1 个卷舌元音 er。其中，ɑ、o、e、i、u、ü、er 可以自成音节。er 音除自成音节外，不能跟任何声母相拼，但它可以将其卷舌成分附着在别的韵母后面，构成儿化韵。

（2）单元音韵母的发音特点。

口腔形状的变化和舌位的高低前后，嘴唇的圆与不圆都与单元音韵母的发音有着直接的关系。如：舌头抬高，口腔缩窄；舌头降低，口腔放宽。嘴唇撮圆，前声腔延长，嘴唇平展，前声腔缩短。

① 唇形的圆展：在相同舌位状态下，由于唇形的圆展不同，就形成两个不同的元音。如：i ~ ü、e ~ o。

② 舌位高低：“舌位”就是发音时舌面隆起部分的最高点，也就是接近上腭最近的一点。有人叫它是“舌高点”。发音时，它与上腭距离小，舌位就高，这样状态发出的元音叫“高元音”，也叫“窄元音”；它与上腭距离大、舌位就低，这样状态发出的元音就叫“低元音”，也叫“宽元音”。可以这样说，舌位高，口腔开度就小，如：i；舌位低，口腔开度就大，如：ɑ。

③ 舌位前后：舌位隆起最高点（舌高点）在上腭前部叫舌位前，发出的元音叫前元音，如：i、ü。舌高点在上腭后部叫舌位后，发出的元音叫后元音，如：o、u。舌高点在中央，发出的元音叫央元音，如：ɑ。

④ 单元音韵母发音条件：

ɑ 央低不圆唇元音

o 后半高圆唇元音

e 后半高不圆唇元音

ê 前半低不圆唇元音

i 前高不圆唇元音

u 后高圆唇元音

ü 前高圆唇元音

er 央不圆唇卷舌元音

-i（前）舌尖前不圆唇元音

-i（后）舌尖后不圆唇元音

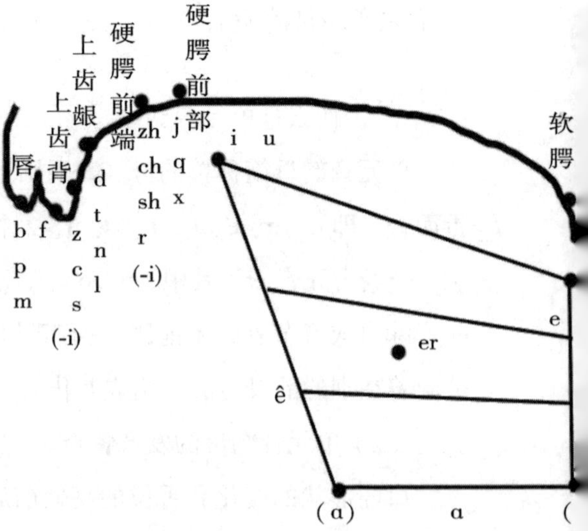

元音舌位图

（3）单元音韵母的发音要领。

ɑ［A］央低不圆唇元音

在发元音 ɑ 的时候，口腔张开，舌头自然放平，舌尖接触下齿龈，上下齿微露。发音时，打开后声腔，呈半打哈欠状态，软腭挺起避免走鼻腔，舌面比较低，它不是圆唇元音，音质明亮圆润。

o［o］后半高圆唇元音

在发元音 o 的时候，口型比 ɑ 略窄，口腔半闭，舌头后缩，舌根抬起，舌高点偏后，舌面两边微卷，舌中部凹进。发音时注意两唇要收敛。嘴角略撮一些，但唇不要向前噘，上下唇的距离比食指略宽。o 音在普通话中单独出现的情况很少，因而不易念准。发音时，要注意唇形，唇形一咧就成 e 了，特别需要强调的是，发 o 时，唇形摆好后再发音，嘴不能动，把握不好，很容易发成 ou 或 uo，就成为复合元音韵母了。o 音本身音质较暗。

e［ɤ］后半高不圆唇元音

与 o 音不同的就是发音时唇形不圆，嘴角展开，舌尖稍离下齿背，舌面平，舌高点偏后。舌根不要动，要放松，舌高点尽量向前一些。发这个音时，要保持微笑状态，上下齿从外观上看可以看到，要稍有距离，这样可使 e 音圆润明亮些。

ê［ɛ］前半低不圆唇元音

口腔自然打开，展唇，舌尖抵住下齿背，使舌面前部隆起和硬腭相对。发音时，声带振动，软腭上升，关闭鼻腔通路。

ê 这个音在普通话单独用的只有一个“欸”字（同唉），但却经常和 i、ü 连起来用，跟在 i、ü 的后面构成复合元音（复韵母），如：ie、üe。由于 ê 基本上不单独使用，所以这个音不太好发。我们可以通过这样的方式来掌握 ê 的发音方法和要领：把“阶”、

"约"等字的字音延长来念，最后停止发音时，口型、唇形、舌位等保持停止时的状态，再重新吸气发音，就是这个 ê 音了。

i［i］前高不圆唇元音

发音时，它的口腔开度较小，舌尖抵下齿背，舌中部稍隆起，前舌面上升接近硬腭，舌高点偏前。嘴角向两边展开成扁平状，气流通路狭窄。发这个音时，由于口腔开度较小，声音容易产生摩擦。我们在实际运用中，可以尽可能把口腔打开些，舌位后移一点儿，上下齿中间要有一定的距离，使口腔稍开一点。i 音音质明亮、尖锐。

u［u］后高圆唇元音

发音时，口腔开度小，舌尖离下齿背也稍远。后舌面上升接近软腭，气流通路狭窄，但不发生摩擦声。唇向前撮，呈圆形，如吹气状。u 音音质较暗。

ü［y］前高圆唇元音

发音时，口腔开度很小，双唇聚拢，两嘴角撮起，没有 u 圆。ü 和 i 的区别就在于圆唇的圆扁，ü 没有 i 那么明亮。

-i（前）［ɿ］（舌尖前元音）舌尖前不圆唇元音

发音时，舌尖前伸，对着上门齿背，但不要靠得太近，也不能发生摩擦。-i（前）音在普通话里只能和 z、c、s 相拼，不能自成音节。

-i（后）［ʅ］（舌尖后元音）舌尖后不圆唇元音

发音时，舌尖翘起对着硬腭前部，舌尖后缩，使气流受到节制，但不到发生摩擦的程度。-i（后）音在普通话里只能和 zh、ch、sh、r 相拼。

er［ɚ］央不圆唇卷舌元音

发音时，口腔在半开半闭之间，舌尖卷起，对着硬腭，这个韵母只能自成音节，不能和任何声母相拼。发音时，舌尖先放平，然后舌尖卷起。在普通话里 er 这个元音不多，只有儿、耳、二等。

（4）怎样使单元音韵母的发音不仅准确、好听，而且嘴形美观、漂亮。

根据语言学的分类，按口腔的开闭、舌位的前后高低、双唇的圆展程度，分别分为闭元音、开元音；前元音、后元音；圆唇元音、扁唇元音。所谓宽窄开闭，也就是指舌头和上腭间的距离。距离大的叫开元音，也叫宽元音；距离窄的叫窄元音或叫闭元音。

常用的 ɑ、o、e、i、u、ü 这 6 个元音，在生活、工作、商务活动等实际运用中可以采取开音稍闭、闭音稍开、前音稍后、后音稍前、圆唇扁发、扁唇圆发的方法，使其在实际语言表达中不仅响亮、清晰、集中、好听，而且嘴形也美观、漂亮。

① 开元音：在发 ɑ、o、e 这 3 个开元音时，如果口腔开得过大，不仅易使声音发散，也影响美观。我们可以采用宽音窄发的方法，对口腔开度进行控制，这样，不仅会使声音更加明亮、集中、圆润、有力度，而且使嘴形美观、大方。

② 闭元音：i、u、ü 这 3 个音口腔开度小，舌与上腭距离近，口腔容积较小，舌头肌肉容易紧张，也容易造成声劈。我们可以采用闭音稍开的发音方法，不仅可以加大口腔的容积，而且可以帮助缓解声带的紧张，改进声音的亮度。

③ 前元音：i、ü、ê 这 3 个音的发音位置比较靠前。如果把握不适当，声音会过于偏前，直接影响语言的表达。男士说话靠前就会出现女气的感觉。采用前音偏后的方法，可以对这 3 个音的亮度有所控制。

④ 后元音：u、o、e 这 3 个音发音位置靠后，与唇的距离长，如果过于靠后，会使声音沉闷。采用后音稍前的方法，可以使后元音的亮度增加。

⑤ 圆唇音：u、ü、o 发音时，双唇向前撮敛成圆形，好像声腔前部加了个声筒，使声腔延长了，容易使声音发闷，而且影响唇形的美观。采用圆唇扁发的方法，使其唇形呈扁圆形，声音自然响亮不闷，唇形也美观。

⑥ 扁唇音：ɑ、e、i 这 3 个音发音时，不能太扁、太咧嘴，应采用扁唇圆发的方法，使唇形稍圆些，而且可以增加声音的圆润度。

总的来说，普通话里的 ɑ、o、e、i、u、ü 这 6 个音是最响亮的音，汉语音节离开它们不会发得响亮、圆润。这 6 个元音如果和辅音结合起来，则要使其发得清晰、有力。一般来说，声音的偏前偏后，主要表现在元音上，而且整个发声位置的正确与否和这 6 个主要元音的位置是密切相关的。

（5）单元音韵母发音训练。

首先要把单个音素、舌位、口型摆对，然后通过词、成语、段子、诗歌去进行练习。练好这 6 个元音可以解决声音颤、挤、扁、软、白、走鼻音的问题，同时，可以使中声区自如、均匀、统一，做到高音不挤不破，低音不压不散。需要注意的是，在练习这 6 个音时，腹肌力量要加大，胸部保持挺起，舌根放松，不要挤压喉部。需要特别强调的是，ɑ 音在 400 多个基本音节中出现比较多，大约在 150 多个音节中出现。ɑ 音发得好，就会使声音美化；ɑ 音发得靠前，会造成声音发嗲；ɑ 音发得靠后，压舌根喉音重，吐字不清楚，声音老气；口腔开大了，声音散，不集中；口腔开小了，声音扁，没力度。

ɑ

字词训练

打靶（dǎ bǎ）　大厦（dà shà）　发达（fā dá）
马达（mǎ dá）　喇叭（lǎ ba）　哪怕（nǎ pà）
喇嘛（lǎ ma）　哇啦（wā lā）

绕口令训练

妈妈爱栽花，爸爸爱种瓜；妈妈栽桃花，爸爸种西瓜；桃花红，红桃花，娃娃脸上笑哈哈；爸爸给我吃西瓜，娃娃心里乐开花。

o

字词训练

伯伯（bó bo）　婆婆（pó po）　默默（mò mò）
泼墨（pō mò）

绕口令训练

郭老伯、骆老伯，毕老伯、柏老伯，郭骆毕柏四老伯，约着城北买菱角，买得菱角阁上剥，菱角壳戳着了四老伯。

e

字词训练

隔阂（gé hé）	合格（hé gé）	客车（kè chē）
特色（tè sè）	折射（zhé shè）	乐得（lè dé）
哥哥（gē ge）	割舍（gē shě）	

绕口令训练

哥哥弟弟坡前坐，坡上卧着一只鹅，坡下流着一条河，哥哥说：宽宽的河，弟弟说：白白的鹅。鹅要过河，河要渡鹅，不知是鹅过河，还是河渡鹅。

i

字词训练

笔记（bǐ jì）	激励（jī lì）	基地（jī dì）
秘密（mì mì）	习题（xí tí）	霹雳（pī lì）
利益（lì yì）	礼仪（lǐ yí）	

绕口令训练

一个跛子，牵着驴子；一个驼子，拉着车子；一个瞎子，抱着孩子。跛子的驴子，撞着驼子的车子；驼子的车子，碰倒瞎子的孩子；瞎子要打驼子，驼子要打跛子。

u

字词训练

补助（bǔ zhù） 读物（dú wù） 辜负（gū fù）
瀑布（pù bù） 入伍（rù wǔ） 疏忽（shū hu）
目睹（mù dǔ） 母乳（mǔ rǔ）

绕口令训练

一位爷爷他姓顾，上街打醋又买布。买了布，打了醋，回头看见鹰抓兔。放下布，搁下醋，上前去追鹰和兔，飞了鹰，跑了兔。打翻醋，醋湿布。

ü

字词训练

聚居（jù jū） 区域（qū yù） 屈居（qū jū）
须臾（xū yú） 序曲（xù qǔ） 语序（yǔ xù）
迂曲（yū qū） 雨具（yǔ jù）

绕口令训练

这天天下雨，体育局穿绿雨衣的女小吕，去找穿绿运动衣的女老李。穿绿雨衣的女小吕，没找到穿绿运动衣的女老李，穿绿运动衣的女老李，也没见着穿绿雨衣的女小吕。

er

字词训练

而且（ér qiě）　　儿歌（ér gē）　　耳朵（ěr duo）
二胡（èr hú）

绕口令训练

进了门儿，倒杯水儿，喝了两口运运气儿。顺手拿起小唱本儿，唱了一曲儿，又一曲儿，练完了嗓子练嘴皮儿，绕口令儿，练字音儿，还有快板儿对口词儿，越说越唱越带劲儿。

> **提示**
>
> er 音节下的汉字实际读音应分为两类：
> ① 数词“二”的读音应为［ar］。
> ② 其余汉字读音均为［ər］。

-i（前）

字词训练

私自（sī zì）　　此次（cǐ cì）　　次子（cì zǐ）
字词（zì cí）　　子嗣（zǐ sì）　　刺字（cì zì）
自此（zì cǐ）　　赐死（cì sǐ）

绕口令训练

一个大嫂子，一个大小子。大嫂子跟大小子比包饺子，看是大嫂子包的饺子好，还是大小子包的饺子好，再看大嫂子包的饺子少，还是大小子包的饺子少。大嫂子包的饺子又小又好又不少，大小子包的饺子又小又少又不好。

-i（后）

字词训练

实施（shí shī）	支持（zhī chí）	知识（zhī shi）
制止（zhì zhǐ）	值日（zhí rì）	试制（shì zhì）
指示（zhǐ shì）	市尺（shì chǐ）	迟滞（chí zhì）

绕口令训练

知之为知之，不知为不知，不以不知为知之，不以知之为不知，唯此才能求真知。

ê

ê 除语气词“欸”外单用的机会不多，只出现在复韵母 ie、üe 中。

2. 复合元音韵母的发音

（1）什么是复合元音韵母。

复合元音韵母简称复韵母，是由 2 个或 3 个元音组合而成。

复韵母由 3 个部分组成，即韵头、韵腹和韵尾。但有的只有韵头和韵腹；有的只有韵腹和韵尾；而其中只有韵腹是必不可少的。复韵母中开口度最大的、声音最响亮的部分，就是韵母中心，我们称它为主要元音。

（2）复韵母的分类。

复韵母分为二合复韵母和三合复韵母，总共有 13 个。其中，二合复韵母有 9 个，分别是：ɑi、ei、ɑo、ou、iɑ、ie、uɑ、uo、üe；三合复韵母有 4 个，分别是：iɑo、iou、uɑi、uei。

二合复韵母中，前响二合复韵母有 4 个：ɑi、ei、ɑo、ou；后响二合复韵母有 5 个：iɑ、ie、uɑ、uo、üe；三合复韵母 iɑo、iou、uɑi、uei 均为中响三合复韵母。

（3）复韵母的发音特点。

复韵母在发音过程中，舌位、唇形由一个元音滑动、变化到另一个元音，没有哪一个元音单独、明确地表现出来。复韵母的发音不是简单的两个或三个元音的相加，而是复合而成的一种新的声音。

（4）复韵母的发音要领及发音训练。

① 前响复韵母。普通话前响复韵母共有 4 个：ɑi、ei、ɑo、ou。发音的共同点是：元音舌位都是由低向高滑动，开头的元音音素响亮、清晰，收尾的元音音素轻短、模糊。因此，收尾的字母只表示舌位移动的方向。

ɑi［ai］

是前元音音素的复合，动程大。起点元音是比单元音 ɑ［a］的舌位靠前的前低不圆唇元音［ɑ］，可简称为“前 ɑ”。发音时，舌尖抵住下齿背，使舌面前部隆起与硬腭相对。从“前 ɑ”开始，舌位向 i 的方向滑动升高，大体停在次高元音［i］。

字词训练

拍卖（pāi mài）	灾害（zāi hài）	爱戴（ài dài）
采摘（cǎi zhāi）	海带（hǎi dài）	开采（kāi cǎi）
拆改（chāi gǎi）	外债（wài zhài）	晒台（shài tái）

绕口令训练

小艾和小戴，一起去买菜，小艾把一斤菜给小戴，小戴就有比小艾多一倍的菜。小戴把一斤菜给小艾，小艾小戴就有一样多的菜。请你拍拍脑袋猜一猜，小艾小戴各买了几斤菜？

ei［ei］

是前元音音素的复合，动程较短。起点元音是前半高不圆唇元音 e［e］。发音过程中，舌尖抵住下齿背，使舌面前部（略后）隆起对着硬腭中部。从 e［e］开始，舌位升高，向 i 的方向往前往高滑动，大体停在次高元音［i］。

字词训练

肥美（féi měi）	妹妹（mèi mei）	配备（pèi bèi）
狒狒（fèi fei）	贝贝（bèi bei）	磊磊（lěi lei）
委培（wěi péi）	美味（měi wèi）	飞贼（fēi zéi）

绕口令训练

贝贝背水，水洒贝贝一背水。

妹妹添煤，煤抹妹妹两眉煤。

ɑo [ɑu]

ɑo 是后元音音素的复合。起点元音比单元音 ɑ [a] 的舌位靠后，是个后低不圆唇元音 [ɑ]，可简称为“后 ɑ”。发音时，舌体后缩，使舌面后部隆起。从“后 ɑ”开始，舌位向 u（汉语拼音写作 -o，实际发音接近 u）的方向滑动升高。收尾的 -u 舌位略低，为 [u]。

字词训练

懊恼（ào nǎo）　　操劳（cāo láo）　　高潮（gāo cháo）

冒号（mào hào）　　骚扰（sāo rǎo）　　逃跑（táo pǎo）

早操（zǎo cāo）　　犒劳（kào láo）　　招考（zhāo kǎo）

绕口令训练

东边庙里有只猫，西边树梢有只鸟。

猫鸟天天闹，不知是猫闹鸟，还是鸟闹猫。

ou [ou]

起点元音比单元音 o 的舌位略高、偏前，接近央元音 [ə]，唇形略圆。发音时，从略带圆唇的央元音 [ə] 开始，舌位向 u

的方向滑动。收尾的 -u 接近［u］。这个复韵母动程很小。

字词训练

丑陋（chǒu lòu）　　兜售（dōu shòu）　　漏斗（lòu dǒu）
口头（kǒu tóu）　　佝偻（gōu lóu）　　收购（shōu gòu）
喉头（hóu tóu）　　叩首（kòu shǒu）　　欧洲（ōu zhōu）

绕口令训练

清早街上走，走到周家大门口，门里跳出大黄狗，黄狗跳过来要咬住我的手。不知我手里的石头打没打着大黄狗？也不知道黄狗咬没咬着我的手？

② 后响复韵母。普通话后响复韵母元音有 5 个：iɑ、ie、uɑ、uo、üe。它们发音的共同点是舌位由高向低滑动，收尾的元音音素响亮清晰，在韵母中处在韵腹地位，因此舌位移动的终点是确定的。而开头的元音音素都是高元音 i-、u-、ü-，由于它处于韵母的韵头位置，发音不太响亮，比较短促。这些韵头在音节里特别是零声母音节里常常伴有轻微摩擦。

iɑ［iA］

起点元音是前高元音 i，舌位滑向央低元音 ɑ［A］。i 的发音较短，ɑ 的发音响而长。止点元音 ɑ 位置确定。

字词训练

假牙（jiǎ yá）　　恰恰（qià qià）　　压价（yā jià）
加压（jiā yā）

绕口令训练

小亚上午补了牙，邀请小贾去他家，小贾上街买了鸭，高高兴兴去了小亚家。谁知鸭肉碰掉了小亚的假牙，气得小亚骂小贾，急得小贾满地找假牙。

ie [iɛ]

起点元音是前高元音 i，舌位滑向前中元音 ê [ɛ] 止。i 较短，ê 响而长。止点元音 ê 位置确定。

字词训练

结业（jié yè）　　贴切（tiē qiè）　　铁屑（tiě xiè）
趔趄（liè qie）

绕口令训练

姐姐上街去买鞋，斜街的爷爷专卖鞋。鞋大姐姐不贴切，鞋小姐姐打趔趄。爷爷替姐姐定制鞋，乐得姐姐谢爷爷。

提示

ie 和 üe 中的 e 不是单韵母 e，而是 ê，为了书写方便去掉了“ ^ ”。

ua［uA］

起点元音是后高半圆唇元音 u，由它开始，舌位滑向央低元音 ɑ［A］止，唇形由最圆逐步展开到不圆。u 较短，ɑ 响而长。

字词训练

挂花（guà huā）　要滑（shuǎ huá）　娃娃（wá wa）

画画（huà hua）　哗哗（huā huā）　哇哇（wā wā）

绕口令训练

娃娃从小爱画画，画了一幅好图画。

娃娃画完要挂画，画斜倒下砸娃娃。

uo［uo］

由后圆唇元音音素复合而成。起点元音是后高元音 u，由它开始，舌位下滑到后中元音 o［o］止。u 较短，o 响而长。发音过程中，保持圆唇，开头最圆，结尾圆唇度略减。

字词训练

错落（cuò luò）　硕果（shuò guǒ）　啰嗦（luō suō）

脱落（tuō luò）　陀螺（tuó luó）　做作（zuò zuo）

绕口令训练

大哥多大锅，二哥多二锅，大哥拿多的大锅换二哥多的二锅。二哥拿多的二锅换大哥多的大锅，大哥二哥合用大锅和二锅。

üe [yɛ]

由前元音音素复合而成。起点元音是圆唇的前高元音 ü，由它开始，舌位下滑到前中元音 ê [ɛ]，唇形由圆到不圆。ü 较短，ê 响而长。

字词训练

雀跃（què yuè）　约略（yuē lüè）　决绝（jué jué）
血液（xuè yè）　学业（xué yè）　疟疾（nüè ji）

绕口令训练

情绵绵，意切切，除夕白雪映雪月。神州大地多皎洁，雀跃欢呼新岁月。

③ 中响复韵母。中响复韵母 iɑo、iou、uɑi、uei 是由前响复韵母 ɑo、ou、ɑi、ei 加上韵头 i、u 构成的。这些韵母发音的共同点是：舌位由高向低滑动，再从低向高滑动。开头的元音音素不响亮，短促，中间的元音音素响亮、清晰。收尾的元音音素轻短、模糊。

iɑo [iɑu]

由前高元音 i 开始，舌位降至后低元音 ɑ [ɑ]。然后再向后次高圆唇元音 u [u] 的方向滑升。发音过程中，舌位先降后升，由前到后，曲折幅度大。唇形从中间的元音 ɑ 逐渐圆唇。

字词训练

吊销（diɑ̀o xiɑ̄o）　疗效（liɑ́o xiɑ̀o）　巧妙（qiɑ̌o miɑ̀o）

袅袅（niǎo niǎo）	调料（tiáo liào）	逍遥（xiāo yáo）
苗条（miáo tiao）	渺小（miǎo xiǎo）	教条（jiào tiáo）

绕口令训练

小刁挑鸟太教条，非要一只苗条鸟，有头有尾还有腰，小刁挑鸟成笑料。

iou［iou］

由前高元音 i 开始，舌位降至央（略后）元音［ə］，然后再向后次高圆唇元音 u［u］的方向滑升。发音过程中，舌位先降后升，由前到后，曲折幅度较大。唇形从央（略后）元音［ə］逐渐圆唇。

> **提示**
>
> 复合元音 iou 在阴平（第一声）和阳平（第二声）的音节里，中间的元音（韵腹）弱化，甚至接近消失，舌位动程主要表现为前后的滑动，成为［iu］。如：刘［liu］、求［tɕʻiu］。这是汉语拼音 iou 省写为 iu 的依据和原因。这种音变是随着声调自然变化的。

字词训练

久留（jiǔ liú）	牛油（niú yóu）	求救（qiú jiù）
绣球（xiù qiú）	优秀（yōu xiù）	悠久（yōu jiǔ）

舅舅（jiù jiu）　　酒友（jiǔ yǒu）　　旧友（jiù yǒu）

绕口令训练

一葫芦酒九两六，一葫芦油六两九。六两九的油要换九两六的酒，九两六的酒不换六两九的油。

uai [uai]

由圆唇的后高元音 u 开始，舌位向前滑降到前低不圆唇元音 i（“前 a”），然后再向前高不圆唇元音 i 的方向滑升。舌位动程先降后升，由后到前，曲折幅度较大。唇形从前元音 a 逐渐展唇。

字词训练

外快（wài kuài）　　怀揣（huái chuāi）　怪话（guài huà）
乖乖（guāi guai）　　摔坏（shuāi huài）　拐带（guǎi dài）

绕口令训练

老歪怀揣外快，生拉硬拽老乖。老歪老乖摔倒，双双摔坏外踝。

uei [uei]

由后高圆唇元音 u 开始，舌位向前向下滑到前半高不圆唇元音 e 偏后靠下的位置（相当于央元音 [ə] 偏前的位置），然后再向前高不圆唇元音 i 的方向滑升。发音过程中，舌位先降后升，由后到前，曲折幅度较大。唇形从 e 逐渐展唇。

> **提示**
>
> 复合元音 uei 在音节中受声母和声调的影响，中间的元音（韵腹）弱化或接近消失，这是汉语拼音 uei 省写为 ui 的依据和原因。这种音变是随着声母和声调的条件变化，语音训练中不必过于强调。

字词训练

垂危（chuí wēi）	归队（guī duì）	追悔（zhuī huǐ）
悔罪（huǐ zuì）	推诿（tuī wěi）	摧毁（cuī huǐ）

绕口令训练

科学出智慧，迷信生愚昧。好高骛远要追悔，苦心钻研增智慧。

（5）复合韵母发音时出现的主要问题及解决办法。

问题 某些方言区的人们在练习复韵母的发音时，对于区分普通话复韵母的宽窄会感到困难。

解决办法 复韵母的宽窄指的是复韵母发音过程中

舌位动程大小之间的对比关系。在每一对有宽窄对比关系的韵母中，它们的舌位动程的运动方向是相近或相似的，它们之间的区分主要在韵腹元音音素的舌位高低，即口腔开度大小的对比上。复韵母中有宽窄对比关系的共有 6 对：ai ~ ei、ao ~ ou、ia ~ ie、ua ~ uo、iao ~ iou、uai ~ uei。

区分练习

ai~ei

白匪（bái fěi）	白费（bái fèi）
败北（bài běi）	代培（dài péi）
海内（hǎi nèi）	暧昧（ài mèi）
采煤（cǎi méi）	栽培（zāi péi）
败类（bài lèi）	

ao~ou

稿酬（gǎo chóu）	矛头（máo tóu）
招手（zhāo shǒu）	遭受（zāo shòu）
保守（bǎo shǒu）	包头（bāo tóu）
报酬（bào chóu）	倒手（dǎo shǒu）
皓首（hào shǒu）	

ia~ie

家业（jiā yè） 佳节（jiā jié）
假借（jiǎ jiè） 嫁接（jià jiē）
押解（yā jiè） 下界（xià jiè）
夏夜（xià yè） 下野（xià yě）
掐捏（qiā niē）

---

ua~uo

花朵（huā duǒ） 挂果（guà guǒ）
华佗（huà tuó） 滑脱（huá tuō）
瓜果（guā guǒ） 跨国（kuà guó）
话说（huà shuō） 划过（huá guò）
花托（huā tuō）

---

iao~iou

要求（yāo qiú） 交流（jiāo liú）
郊游（jiāo yóu） 交友（jiāo yǒu）
料酒（liào jiǔ） 表舅（biǎo jiù）
调酒（tiáo jiǔ） 漂流（piāo liú）
票友（piào yǒu）

---

uai~uei

怪罪（guài zuì） 快慰（kuài wèi）
快嘴（kuài zuǐ） 衰退（shuāi tuì）
外汇（wài huì） 外围（wài wéi）
怪味（guài wèi） 淮水（huái shuǐ）
衰微（shuāi wēi）

3. 复合鼻尾音韵母的发音

（1）什么是复合鼻尾音韵母。

复合鼻尾音韵母简称鼻韵母，是由 1 个或 2 个元音后面带上鼻辅音 n、ng 组成前鼻音和后鼻音两类。发音时，发音器官由元音的发音状态向鼻音的发音状态逐渐变化，软腭小舌下垂，鼻腔通路打开，最后完全变成鼻音。

（2）鼻韵母的分类。

普通话里带鼻音的韵母共有 16 个，可以分为带舌尖鼻音 n 和带舌根鼻音 ng 两类。

带舌尖鼻音的韵母（前鼻音）有 8 个：an、en、ian、in、uan、uen、üan、ün。发鼻韵尾 n 时，舌尖不能放在两齿中间，要放到上齿龈。

带舌根鼻音的韵母（后鼻音）有 8 个：ang、eng、ing、ong、iang、uang、ueng、iong。在以上后鼻音韵母中，a、o、e、i 是韵腹，ng 是韵尾。

（3）鼻韵母的发音特点。

鼻韵母发音时，在由元音舌位向鼻辅音韵尾移动时，元音音素发音的后半段由于受到后面鼻辅音的影响，会出现一段较短的半鼻化作为过渡的过程。这是语音结合过程中必然出现的现象。由于鼻辅音所处的位置在韵尾，所以，在发鼻韵母时呼出气流要减弱。

（4）鼻韵母的发音要领及训练。

在发鼻韵母时，要注意强调体会鼻尾音的发音和听觉感觉的性质，不能丢掉鼻尾音，更不能把鼻尾音直接发成鼻化元音。特别需要强调的是，在发鼻韵母时，不管是发前鼻音韵母还是后鼻音韵母，都是软腭下垂，鼻腔通路打开的。

①前鼻音韵母（-n）的发音要领及训练。

ɑn［an］

起点元音是前低不圆唇元音 ɑ［ɑ］，舌尖抵住下齿背，舌面前部隆起，舌位降到最低，软腭上升，关闭鼻腔通路。发“前 ɑ”之后，软腭下降，打开鼻腔通路，同时舌面前部与硬腭前部闭合，使在口腔受到阻碍的气流从鼻腔里透出。口形开合度由大渐小，舌位动程较大。

字词训练

参战（cān zhàn）　反感（fǎn gǎn）　烂漫（làn màn）

谈判（tán pàn）　坦然（tǎn rán）　赞叹（zàn tàn）

绕口令训练

小安小谭去投弹，小安不安打寒战，小谭坦然投出弹，小安心里真感叹。

en［ən］

起点元音是央元音 e［ə］，舌位居中（不高不低不前不后），舌尖接触下齿背，舌面隆起部位受韵尾影响略靠前，软腭上升，关闭鼻腔通路。发央元音 e 之后，软腭下降，打开鼻腔通路，同时舌面前部与硬腭前部闭合，使在口腔受到阻碍的气流从鼻腔里透出，口形开合度由大渐小，舌位动程较小。

字词训练

认真（rèn zhēn）	瘟神（wēn shén）	文身（wén shēn）
根本（gēn běn）	门诊（mén zhěn）	人参（rén shēn）

绕口令训练

小陈去卖针，小沈去卖盆。俩人挑着担，一起出了门。小陈喊卖针，小沈喊卖盆。也不知是谁卖针，也不知是谁卖盆。

in [in]

起点元音是前高不圆唇元音 i，舌尖抵住下齿背，软腭上升，关闭鼻腔通路。发舌位最高的前元音 i 之后，软腭下降，打开鼻腔通路，同时舌面前部与硬腭前部关闭，使在口腔受到阻碍的气流，从鼻腔透出。开口度始终很小，几乎没有变化，舌位动程很小。

字词训练

紧邻（jǐn lín）	拼音（pīn yīn）	信心（xìn xīn）
辛勤（xīn qín）	引进（yǐn jìn）	濒临（bīn lín）
临近（lín jìn）	亲民（qīn mín）	贫民（pín mín）

绕口令训练

你也勤来我也勤，生产同心土变金。

工人农民亲兄弟，心心相印团结紧。

ün [yn]

起点元音是前高圆唇元音 ü。与 in 的发音状况只是唇形变化不同。唇形从 ü 开始逐步展开，而 in 始终展唇。

字词训练

循循（xún xún）	熏晕（xūn yūn）	军裙（jūn qún）
军训（jūn xùn）	均匀（jūn yún）	芸芸（yún yún）

绕口令训练

军车运来一堆裙，一色军用绿色裙。
军训女生一大群，换下花裙换绿裙。

ian [iɛn]

发音时，从前高元音 i 开始，舌位向前低元音 ɑ（“前 ɑ”）的方向滑降。舌位只降到前次低元音 [æ] 的位置就开始升高，直到舌面前部抵住硬腭前部形成鼻音 -n。

字词训练

简便（jiǎn biàn）	渐变（jiàn biàn）	先见（xiān jiàn）
减免（jiǎn miǎn）	前天（qián tiān）	田间（tián jiān）

绕口令训练

半边莲，莲半边，半边莲长在山涧边。半边天路过山涧边，发现这片半边莲。半边天拿来一把镰，割了半筐半边莲。半筐半边莲，送给边防连。

uɑn［uan］

发音时，从圆唇的后高元音 u 开始，口形迅速由合口变为开口，舌位向前迅速滑降到不圆唇的前低元音“前 ɑ”；然后舌位升高，直到舌位前部抵住硬腭前部形成鼻音 -n。

字词训练

贯穿（guàn chuān）　　官船（guān chuán）
软缎（ruǎn duàn）　　专款（zhuān kuǎn）
婉转（wǎn zhuǎn）　　玩转（wán zhuàn）

绕口令训练

大帆船，小帆船，竖起桅杆撑起船。
风吹帆，帆引船，帆船顺风转海湾。

uen［uən］

发音时，从圆唇的后高元音 u 开始，向央元音 e［ə］滑降，然后舌位升高，直到舌位前部抵住硬腭前部形成鼻音 -n。唇形由圆唇在向折点元音的滑动过程中逐步展唇。

提示

鼻韵母 uen 受声母和声调的影响，中间的元音（韵腹）弱化。它的音变条件与 uei 相同。

字词训练

温存（wēn cún）　昆仑（kūn lún）　馄饨（hún tun）
春笋（chūn sǔn）　困顿（kùn dùn）　伦敦（lún dūn）

绕口令训练

孙村温村过新春，春雷一声响昆仑。
竹林怀春出春笋，春联春雨处处春。

üan［yan］

发音时，从圆唇的前高元音 ü 开始，向前低元音“前 ɑ”的方向滑降。舌位只降到前次低元音［æ］略后就开始升高，直到舌面前部抵住硬腭前部形成鼻音 -n。唇形由圆唇在向折点元音的滑动过程中逐渐展唇。

字词训练

源泉（yuán quán）　轩辕（xuān yuán）　圆圈（yuán quān）
渊源（yuān yuán）　全权（quán quán）　涓涓（juān juān）

绕口令训练

圆圈圆，圈圆圈，圆圆娟娟画圆圈。
娟娟画的圈连圈，圆圆画的圈套圈。
娟娟圆圆比圆圈，看看谁的圆圈圆。

② 后鼻音（-ng）的发音要领及训练。

ɑng［ɑŋ］

起点元音是后低不圆唇元音 ɑ［ɑ］，口开度最大，舌尖离开下齿背，舌体后缩，软腭上升，关闭鼻腔通路。发“后 ɑ”之后，软腭下降，打开鼻腔通路，同时舌面后部与软腭闭合，使在口腔受到阻碍的气流从鼻腔里透出，开口度由大渐小，舌位动程较大。

字词训练

商场（shāng chǎng）　　上当（shàng dàng）

账房（zhàng fáng）　　苍茫（cāng máng）

放荡（fàng dàng）　　沧桑（cāng sāng）

绕口令训练

长城长，城墙长，长长长城长城墙，城墙长长城长长。

eng［əŋ］

起点是后半高不圆唇元音 e［ə］，口半闭，展唇，舌尖离开下齿背，舌体后缩，舌面后部隆起，比发单元音 e［ə］的舌位略低，软腭上升，关闭鼻腔通路。发 e 之后，软腭下降打开鼻腔通路。同时，舌面后部与软腭闭合，使在口腔受到阻碍的气流从鼻腔里透出。

字词训练

风声（fēng shēng）　　丰盛（fēng shèng）

风筝（fēng zheng）　　更正（gēng zhèng）

征程（zhēng chéng）　　逞能（chěng néng）

绕口令训练

郑政捧着盏台灯，彭澎扛着架屏风，彭澎让郑政扛屏风，郑政让彭澎捧台灯。

ing［iŋ］

起点元音是前高不圆唇元音 i，舌尖抵住下齿背，舌面前部隆起，软腭上升，关闭鼻腔通路。发 i 之后，软腭下降，打开鼻腔通路，同时舌面后部与软腭闭合，使在口腔受到阻碍的气流从鼻腔透出，口形变化不大。

字词训练

经营（jīng yíng）　命令（mìng lìng）　姓名（xìng míng）
明镜（míng jìng）　精灵（jīng líng）　平静（píng jìng）

绕口令训练

天上七颗星，树上七只鹰，梁上七个钉，台上七盏灯。拿扇扇了灯，用手拔了钉，举枪打了鹰，乌云盖了星。

ong［uŋ］

起点元音是比后高圆唇元音 u 舌位略低的［u］，舌尖离开下齿背，舌后缩，舌根稍隆起，贴向软腭，当两者将要接触时，软腭下降，鼻腔通路打开，紧接着，舌根与软腭接触，关闭口腔通路，使受阻气流从鼻腔透出，发音时，口形始终拢圆，变化不明显。

字词训练

通红（tōng hóng）　　洪钟（hóng zhōng）
空洞（kōng dòng）　　共同（gòng tóng）
恐龙（kǒng lóng）　　隆重（lóng zhòng）

绕口令训练

冲冲栽了十畦葱，松松栽了十棵松。冲冲说栽松不如栽葱，松松说栽葱不如栽松。是栽松不如栽葱，还是栽葱不如栽松。

iang［iaŋ］

发音时，从前高元音 i 开始，舌位向后滑降到后低元音 ɑ［ɑ］，然后舌位升高，接续鼻音 -ng。

字词训练

响亮（xiǎng liàng）　　相像（xiāng xiàng）
洋相（yáng xiàng）　　香江（xiāng jiāng）
襄阳（xiāng yáng）　　亮相（liàng xiàng）

绕口令训练

杨家养了一只羊，蒋家修了一道墙。杨家的羊撞倒了蒋家的墙，蒋家的墙压死了杨家的羊。杨家要蒋家赔杨家的羊，蒋家要杨家赔蒋家的墙。

uang [uaŋ]

起点元音为后高圆唇元音 u，舌位下降到“后 ɑ”，然后舌位升高，接续鼻音 -ng。其间唇形由圆渐渐变平展。

字词训练

双簧（shuāng huáng）　装潢（zhuāng huáng）
王庄（wáng zhuāng）　网状（wǎng zhuàng）
状况（zhuàng kuàng）　狂妄（kuáng wàng）

绕口令训练

那边划来一艘船，这边漂去一张床，船床河中互相撞，不知床撞船，还是船撞床。

ueng [uəŋ]

发音时，从圆唇的后高元音 u 开始，舌位滑落到后半高元音 e [ə] 的位置，然后舌位升高，接续鼻音 -ng。在普通话里，韵母 ueng 只有一种零声母的音节形式 weng。

字词训练

水瓮（shuǐ wèng）　老翁（lǎo wēng）
渔翁（yú wēng）

绕口令训练

老翁卖酒老翁买，老翁买酒老翁卖。

iong［yŋ］

发音时，从前高元音 i 开始，舌位向后略向下滑动到后次高圆唇元音［u］的位置，然后舌位升高，接续鼻音 -ng。由于受后面圆唇元音的影响，开始的前高元音 i 也带上了圆唇色彩，而近似 ü［y］。

字词训练

炯炯（jiǒng jiǒng）　　汹涌（xiōng yǒng）

熊熊（xióng xióng）

绕口令训练

小涌勇敢学游泳，勇敢游泳是英雄。

（5）鼻韵母发音时常出现的主要问题和解决办法。

问题

鼻韵母发音不准和前后鼻音不分是许多人在说普通话时常常出现的问题，这个问题不仅在南方人当中比较普遍，在北方人说话时也常常出现。

解决办法

在普通话中，前后鼻音韵母有辨义作用，所以，首先要发音准确。元音接续鼻尾音的过程，是由舌面前部或舌根抬起来完成的，不可以用下腭的运动，改变口腔开度来完成鼻韵母的发音。其次，需要明确的是，在普通话中，鼻辅音 n 既可以做声母，又可以做韵尾，当 n 做韵尾时，发音部位比 n 做声母时候的发音部位要稍偏后一些。

辨音训练

前后鼻韵母有对应关系的一共有 7 组：

an ~ ang　en ~ eng　in ~ ing　ian ~ iang　uan ~ uang　ün ~ iong　uen ~ ueng（ong）

an~ang

反问（fǎn wèn） ~ 访问（fǎng wèn）
赞颂（zàn sòng） ~ 葬送（zàng sòng）
天坛（tiān tán） ~ 天堂（tiān táng）
担心（dān xīn） ~ 当心（dāng xīn）
产房（chǎn fáng） ~ 厂房（chǎng fáng）
不看（bù kàn） ~ 不亢（bù kàng）

en~eng

人参（rén shēn） ~ 人生（rén shēng）
纷纭（fēn yún） ~ 风云（fēng yún）
清真（qīng zhēn） ~ 清蒸（qīng zhēng）

瓜分（guā fēn） ~ 刮风（guā fēng）
长针（cháng zhēn） ~ 长征（cháng zhēng）
粉刺（fěn cì） ~ 讽刺（fěng cì）

---

in~ing

辛勤（xīn qín） ~ 心情（xīn qíng）
信服（xìn fú） ~ 幸福（xìng fú）
金银（jīn yín） ~ 经营（jīng yíng）
亲近（qīn jìn） ~ 清净（qīng jìng）
亲身（qīn shēn） ~ 轻声（qīng shēng）
心细（xīn xì） ~ 星系（xīng xì）

---

ian~iang

沿线（yán xiàn） ~ 洋相（yáng xiàng）
钳制（qián zhì） ~ 强制（qiáng zhì）
简历（jiǎn lì） ~ 奖励（jiǎng lì）
简章（jiǎn zhāng） ~ 奖章（jiǎng zhāng）
廉价（lián jià） ~ 粮价（liáng jià）
岩浆（yán jiāng） ~ 阳间（yáng jiān）

---

uan~uang

新欢（xīn huān） ~ 心慌（xīn huāng）
栓剂（shuān jì） ~ 双季（shuāng jì）
专车（zhuān chē） ~ 装车（zhuāng chē）
关节 (guān jié） ~ 光洁（guāng jié）
车船（chē chuán） ~ 车床（chē chuáng）
机关（jī guān） ~ 激光（jī guāng）

uen~ueng (ong)

炖肉（dùn ròu） ~ 冻肉（dòng ròu）
吞并（tūn bìng） ~ 通病（tōng bìng）
轮子（lún zi） ~ 聋子（lóng zi）
存钱（cún qián） ~ 从前（cóng qián）
乡村（xiāng cūn）~ 香葱（xiāng cōng）

ün~iong

晕车（yūn chē） ~ 用车（yòng chē）
音讯（yīn xùn） ~ 英雄（yīng xióng）
人群（rén qún） ~ 人穷（rén qióng）
寻机（xún jī） ~ 雄鸡（xióng jī）
勋章（xūn zhāng）~ 胸章（xiōng zhāng）

（五）韵母按四呼进行分类及发音练习

1.“四呼”分类

韵母按四呼进行分类，是按汉语语言特点进行的一种分类。可以按韵母开头的元音和发音口型不同分为开口呼、齐齿呼、合口呼和撮口呼四类，简称“四呼”。

开口呼

指没有韵头，韵腹又不是 i、u、ü 的韵母。普通话中有 15 个韵母属开口呼，分别是 ɑ、o、e、ɑi、ei、ɑo、ou、ɑn、en、ɑng、eng、ê、-i（前）、-i（后）、er。

齐齿呼

指韵头或韵腹是 i 的韵母。普通话中有 9 个韵母属齐齿呼，分别是：i、ia、ie、iao、iou、ian、in、ing、iang。

合口呼

指韵头或韵腹是 u 的韵母。普通话中有 10 个韵母属合口呼，分别是：u、ua、uo、uai、uei、uan、uen、ong、uang、ueng。

撮口呼

指韵头或韵腹是 ü 的韵母。普通话中有 5 个韵母属撮口呼，分别是：ü、üe、üan、ün、iong。

提示

① ong 中的韵腹 o 并不是单元音 o，实际发音在 u、o 之间，舌位比 u 略低，所以，韵母 ong 在按四呼分类时，归入合口呼韵母。

② iong 中的 i 在实际发音时和以 ü 开始的韵母没有太大差别，传统的汉语语音学把 iong 归属撮口呼。

2.“四呼”发音训练

在“四呼”中，齐齿呼和撮口呼韵母是发音时唇形展、撮对比最为明显的两类韵母，特别是在相邻音节中交替出现的时候，更需要双唇展、撮运动的灵活性，这对普通话学习者提高发音质量、避免误读引发歧义具有重要的意义。

i ~ ü

妻（qī）~区（qū）	骑（qí）~渠（qú）
起（qǐ）~取（qǔ）	气（qì）~去（qù）
吸（xī）~需（xū）	席（xí）~徐（xú）
里（lǐ）~旅（lǚ）	你（nǐ）~女（nǚ）
离（lí）~驴（lǘ）	利（lì）~率（lǜ）
衣（yī）~淤（yū）	移（yí）~鱼（yú）
椅（yǐ）~语（yǔ）	意（yì）~遇（yù）
鸡（jī）~居（jū）	急（jí）~局（jú）
挤（jǐ）~举（jǔ）	寄（jì）~锯（jù）

ü ~ i

名义（míng yì）	~	名誉（míng yù）
比翼（bǐ yì）	~	比喻（bǐ yù）
里程（lǐ chéng）	~	旅程（lǚ chéng）
经济（jīng jì）	~	京剧（jīng jù）
前面（qián miàn）	~	全面（quán miàn）
分期（fēn qī）	~	分区（fēn qū）
容易（róng yì）	~	荣誉（róng yù）
季节（jì jié）	~	拒绝（jù jué）

办理（bàn lǐ）	~	伴侣（bàn lǚ）
得意（dé yì）	~	德育（dé yù）
适宜（shì yí）	~	适于（shì yú）
雨季（yǔ jì）	~	雨具（yǔ jù）
书籍（shū jí）	~	书局（shū jú）
大姨（dà yí）	~	大鱼（dà yú）
实际（shí jì）	~	实据（shí jù）
戏曲（xì qǔ）	~	序曲（xù qǔ）

ie ~ üe

耶（yē）~ 约（yuē）　些（xiē）~ 靴（xuē）
列（liè）~ 掠（lüè）　涅（niè）~ 虐（nüè）
节（jié）~ 决（jué）　界（jiè）~ 倔（juè）
茄（qié）~ 瘸（qué）　写（xiě）~ 雪（xuě）
夜（yè）~ 月（yuè）　鞋（xié）~ 学（xué）

üe ~ ie

学会（xué huì）	~	协会（xié huì）
月色（yuè sè）	~	夜色（yè sè）
确实（què shí）	~	切实（qiè shí）
月月（yuè yuè）	~	夜夜（yè yè）
大雪（dà xuě）	~	大写（dà xiě）
瘸子（qué zi）	~	茄子（qié zi）

in ~ ün

今（jīn）~ 军（jūn）　进（jìn）~ 俊（jùn）
信（xìn）~ 讯（xùn）　因（yīn）~ 晕（yūn）
银（yín）~ 云（yún）　隐（yǐn）~ 允（yǔn）

ün ~ in

军（jūn）~金（jīn）

熏（xūn）~心（xīn）

训（xùn）~信（xìn）

群（qún）~秦（qín）

晕（yūn）~音（yīn）

骏（jùn）~进（jìn）

ing ~ iong

英（yīng）~拥（yōng）

影（yǐng）~蛹（yǒng）

硬（yìng）~用（yòng）

情（qíng）~穷（qióng）

星（xīng）~兄（xiōng）

形（xíng）~雄（xióng）

ian ~ üan

烟（yān）~渊（yuān）

盐（yán）~原（yuán）

眼（yǎn）~远（yuǎn）

厌（yàn）~怨（yuàn）

尖（jiān）~捐（juān）

欠（qiàn）~倦（juàn）

铅（qiān）~圈（quān）

鲜（xiān）~宣（xuān）

钱（qián）~劝（quàn）

第四章

声调能够纯正字音、区别词义

我们来看这样一组例词：

潜水（qián shuǐ） ~ 浅水（qiǎn shuǐ）
汉语（hàn yǔ） ~ 韩语（hán yǔ）
美国（měi guó） ~ 煤国（méi guó）
小姐（xiǎo jiě） ~ 小结（xiǎo jié）
同意（tóng yì） ~ 统一（tǒng yī）
指导（zhǐ dǎo） ~ 知道（zhī dào）
保卫（bǎo wèi） ~ 包围（bāo wéi）
火车（huǒ chē） ~ 货车（huò chē）
鼓励（gǔ lì） ~ 孤立（gū lì）
跳动（tiào dòng） ~ 挑动（tiǎo dòng）

从以上这些词汇中可以看出什么呢？我们可以发现以上这些词汇的声、韵都是一样的，只是由于声调的不同，导致词义完全不同。

一、声调和声调的作用

1. 什么是声调

大家都知道，在我们汉语普通话中，一个方块汉字就是一个音节。音节是汉语中最小的使用单位，也是汉语的基本结构单位。而音节的构成有三种要素，就是声、韵、调。普通话音节四声的变化，就是声调的变化。这种变化表现出音节高低、升降、曲直、长短的变化，而声调的变化则是由声带的颤动频率决定的。一句话，声带颤动频率的高低、升降、曲直、长短的变化就是声调。

在我们汉语普通话中，声调虽然属于整个音节，但主要在韵腹上集中表现出来。如果说声、韵是音节的骨头，声调就是一个音节的血肉。我们要想发好一个音节的读音，就必须把声、韵、调三者结合起来，忽略了声调，就会词义不明。同时声调如果发不准、发不好，也就失去了汉语的特点，显露不出汉语特有的抑、扬、顿、挫的音乐美。

世界上的语言可以分成两大类，一类叫声调语言，如汉语及许多汉藏语系的其他语言，以及非洲地区的一些语言。另一类叫非声调语言，如英、法、德、俄等欧洲国家以及美国、加拿大等美洲国家的语言。通常来讲，语言中声调数量越多，音节的数量往往就越少。如英语有两三千个音节，而汉语带调音节仅有 1250 多个。

2. 声调的作用

（1）声调可以纯正字音，区别词义。

（2）声调可以表现出汉语的特点，表现抑、扬、顿、挫的音乐美。

（3）声调可以帮助调节气息。我们可以根据声调高扬转降不同的音势，掌握用气的方法，可使气息灵活自如，强弱适度。比如，高音不好，可以练习上升的调（如：阳平、上声）；低音不好，可以练习下降的调（如：去声）。从中可以训练气息、控制气息、变化气息。

二、调类和调值

1. 调类

调类指的是对声调的分类。调类只代表汉语声调的种类，而不表示声调的实际读法。普通话声调可分为 4 类，分别是阴平、阳平、上声、去声。例如：

阴平　ˉ　声、音、光、发……

阳平　ˊ　明、台、阳、人……

上声　ˇ　里、网、把、起……

去声　ˋ　电、望、泰、力……

2. 调值

调值也叫调形，指的是声调高低、升降、曲直的变化，也就是声调的实际读法。

调值通常采用五度标记法记录。用一条竖线表示声音的高低，由下面最低点到最高点共分为五度，即低、半低、中、半高、高，分别用 1、2、3、4、5 依次表示。

声调的高低和音乐中音阶的高低是有区别的。同样是音高的变化，音乐中音阶的音高变化是绝对的，而声调的音高变化是相对的，不要求音高频率的绝对值。由于每一个人的嗓音条件各不

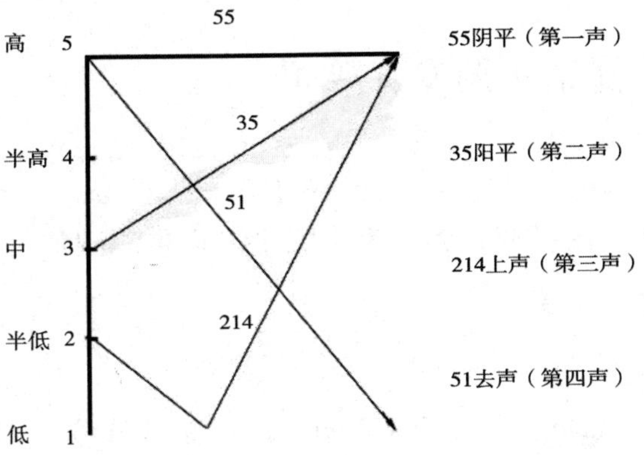

声调发音图

相同，每人声音的音域也是不一样的，声调高低并不是要求人人发的声调同样高或同样低。相对来说，我们中国人声音清脆、明亮、高扬，声音较高；外国人，主要是欧洲人、美洲人、非洲人声音浑厚、低沉，声音较低。同样是中国人，小孩和女性声带短、薄，声音就高；老人和男性声带长、厚，声音就低，但这并不影响我们把声调发到位。要深刻了解相对音高的意义，这就是在个人有限的音域范围内做到音调高低升降的有序变化，并将这种有序变化落实到位。这样我们就会更好地掌握声调和利用声调去练习自己的声音，纠正自己的字音，使自己的发音更加符合普通话语音规范要求。经过系统的学习和科学的训练，方言区的人们和外国人一样可以说好普通话。

三、普通话声调发音要领

阴平：高平调，调形为【˥55】。声带绷到最紧，始终没有变化，保持高音。

发音例字：

装（zhuāng）　方（fāng）　编（biān）　端（duān）
当（dāng）　宣（xuān）　酸（suān）　挑（tiāo）
欢（huān）　亏（kuī）

阳平：高升调，调形为【˧˥35】。发音时，声带从不松不紧开始，逐渐绷紧，到最紧为止，声音由不低不高升到最高。

发音例字：

全（quán）　人（rén）　情（qíng）　棉（mián）
常（cháng）　年（nián）　然（rán）　怀（huái）
连（lián）　圆（yuán）

上声：降升调，调形为【˨˩˦214】。发音时，声带从略微有些紧张开始，立刻松弛下来，稍稍延长，然后迅速绷紧，但没有绷到最紧。发音过程中，声音主要表现在低音段 1—2 度之间，这成为上声的基本特征。上声的音长在普通话 4 个声调中是最长的。

发音例字：

闯（chuǎng）　秒（miǎo）　写（xiě）　脸（liǎn）
惹（rě）　广（guǎng）　扁（biǎn）　九（jiǔ）
碾（niǎn）　抚（fǔ）

去声：全降调，调形为【$\vee^{51}$】。发音时，声带从紧开始，到完全松弛为止。声音由高到低。去声的音长在普通话 4 个声调中是最短的。

发音例字：

浪（làng）	辣（là）	片（piàn）	卖（mài）
换（huàn）	面（miàn）	热（rè）	掉（diào）
话（huà）	去（qù）		

四、普通话声调训练

1. 同声韵四声音节训练

> **提示**
>
> 本节既练习声调，也练习声母、韵母的发音。注意四声调值要准确。

双唇音：b、p、m

巴（bā）	拔（bá）	把（bǎ）	爸（bà）
泼（pō）	婆（pó）	叵（pǒ）	迫（pò）
妈（mā）	麻（má）	马（mǎ）	骂（mà）

唇齿音：f

帆（fān）	凡（fán）	反（fǎn）	饭（fàn）

舌尖中音：d、t、n、l

搭（dā）	达（dá）	打（dǎ）	大（dà）
滩（tān）	谈（tán）	坦（tǎn）	碳（tàn）
妮（nī）	泥（ní）	你（nǐ）	腻（nì）
勒（lēi）	雷（léi）	磊（lěi）	累（lèi）

舌根音：g、k、h

歌（gē）	格（gé）	葛（gě）	个（gè）
科（kē）	壳（ké）	渴（kě）	课（kè）
呼（hū）	湖（hú）	虎（hǔ）	户（hù）

舌面音：j、q、x

居（jū）	局（jú）	举（jǔ）	具（jù）
七（qī）	奇（qí）	起（qǐ）	气（qì）
先（xiān）	闲（xián）	显（xiǎn）	线（xiàn）

翘舌音：zh、ch、sh、r

猪（zhū）	竹（zhú）	主（zhǔ）	住（zhù）
吃（chī）	池（chí）	齿（chǐ）	赤（chì）
奢（shē）	蛇（shé）	舍（shě）	设（shè）
嚷（rāng）	瓤（ráng）	壤（rǎng）	让（ràng）

平舌音：z、c、s

遭（zāo）	凿（záo）	早（zǎo）	造（zào）
猜（cāi）	才（cái）	彩（cǎi）	菜（cài）
虽（suī）	随（suí）	髓（suǐ）	岁（suì）

开口音

包（bāo）	雹（báo）	宝（bǎo）	报（bào）
搂（lōu）	楼（lóu）	篓（lǒu）	漏（lòu）
掰（bāi）	白（bái）	百（bǎi）	拜（bài）

威（wēi）	唯（wéi）	伟（wěi）	喂（wèi）

齐齿音

家（jiā）	夹（jiá）	甲（jiǎ）	价（jià）
接（jiē）	结（jié）	解（jiě）	界（jiè）

合口音

欢（huān）	环（huán）	缓（huǎn）	换（huàn）
乌（wū）	吴（wú）	五（wǔ）	物（wù）

撮口音

淤（yū）	鱼（yú）	雨（yǔ）	玉（yù）
薛（xuē）	学（xué）	雪（xuě）	穴（xuè）

2. 双音节声调训练

> **提示**
>
> 双音节声调训练要结合气息一起练，尤其是夸张的上声练习。

（1）阴阴：

播音（bō yīn）　西安（Xī'ān）

香蕉（xiāng jiāo）　江山（jiāng shān）

（2）阴阳：

资源（zī yuán）　中华（zhōng huá）

新闻（xīn wén）　发言（fā yán）

（3）阴上：

歌舞（gē wǔ）　方法（fāng fǎ）

发展（fā zhǎn）　　听讲（tīng jiǎng）

（4）阴去：

中外（zhōng wài）　　单位（dān wèi）

播送（bō sòng）　　音乐（yīn yuè）

（5）阳阴：

国歌（guó gē）　　长江（cháng jiāng）

航空（háng kōng）　　红花（hóng huā）

（6）阳阳：

人民（rén mín）　　团结（tuán jié）

儿童（ér tóng）　　联合（lián hé）

（7）阳上：

华北（huá běi）　　黄海（huáng hǎi）

平坦（píng tǎn）　　皮袄（pí'ǎo）

（8）阳去：

革命（gé mìng）　　林业（lín yè）

球赛（qiú sài）　　豪迈（háo mài）

（9）上阴：

北京（běi jīng）　　广播（guǎng bō）

统一（tǒng yī）　　讲师（jiǎng shī）

（10）上阳：

考察（kǎo chá）　　朗读（lǎng dú）

谴责（qiǎn zé）　　普及（pǔ jí）

（11）上上：

导演（dǎo yǎn）　　总理（zǒng lǐ）

友好（yǒu hǎo）　　北海（běi hǎi）

（12）上去：

土地（tǔ dì）　　舞剧（wǔ jù）

访问（fǎng wèn） 考试（kǎo shì）

（13）去阴：

卫星（wèi xīng） 列车（liè chē）

气温（qì wēn） 贵宾（guì bīn）

（14）去阳：

自然（zì rán） 电台（diàn tái）

会谈（huì tán） 政权（zhèng quán）

（15）去上：

剧本（jù běn） 下雨（xià yǔ）

外语（wài yǔ） 历史（lì shǐ）

（16）去去：

证券（zhèng quàn） 宴会（yàn huì）

建造（jiàn zào） 质量（zhì liàng）

3. 四字词声调训练

> **提示**
>
> 这组四字词的声调训练，可以锻炼灵活运用四声正音的技巧。训练的时候，气息要控制好，大声、一口气，响亮、通畅地发出来。

阴阳上去（yīn yáng shǎng qù）

风调雨顺（fēng tiáo yǔ shùn）

非常好记（fēi cháng hǎo jì）

千锤百炼（qiān chuí bǎi liàn）

精神百倍（jīng shén bǎi bèi）

山河美丽（shān hé měi lì）

4. 古诗词训练

（1）阴平声训练。

> **提示**
>
> 阴平声一开始在 5 度位置上，保持不变。如果出现两个阴平连在一起的情况，可将前一个阴平稍稍降低一点，后边的阴平在 5 度位置上，保持不变。

望庐山瀑布

日照香炉生紫烟，遥看瀑布挂前川。

飞流直下三千尺，疑是银河落九天。

（2）阳平声训练。

> **提示**
>
> 阳平声开始在 3 度的位置上，然后滑动直线上移，如果出现两个阳平声相连的情况，要注意前边的一个阳平不能拐弯。

登鹳雀楼

白日依山尽，黄河入海流。
欲穷千里目，更上一层楼。

（3）上声训练。

> **提示**
>
> 上声开始在 2 度的位置上，然后向下滑降到 1 度，接着从 1 度折转滑向 4 度。如果出现两个上声相连的情况，前面的上声要变成阳平调，后面的上声保持不变。

春　晓

春眠不觉晓，处处闻啼鸟。
夜来风雨声，花落知多少。

（4）去声训练。

> **提示**
>
> 去声一开始在 5 度的位置上，然后向下滑降到 1 度。如果出现两个去声相连的情况，前边一个去声可以下降到 2 度的位置上，但后边的一个去声，必须滑降到 1 度。

登幽州台歌

前不见古人，后不见来者。
念天地之悠悠，独怆然而涕下。

五、普通话声调发音容易出现的问题及解决办法

问题 普通话声调在发音过程中容易出现的问题一般在于：阴平调值不够高，阳平拐弯上不去，上声硬拐弯，去声下不来。

解决办法 （1）阴平：起音高平莫低昂，气势平均不紧张。发元音 / ā / 体会。

（2）阳平：从中起音向上扬，用气弱起逐渐强。发元音 / á / 体会。

（3）上声：上声先降转弱挑，降时气稳扬时强。发元音 / ǎ / 体会。

（4）去声：高扬直送向低唱，强起到弱气通畅。发元音 / à / 体会。

声调的准确与否直接影响着汉语普通话的正确与规范。学习普通话出现的方言普通话，学习汉语出现的洋腔洋调、怪腔怪调，

都同没有掌握普通话声调的正确发音方法有着直接的关系。普通话上声调是学习普通话的难点，许多外国人说不好普通话，与不能发好上声有很大的关系。其实，如果注意到上声低调的特点，以及上声变调的规律，上声就容易掌握了。声调发得准确，就会解决学习普通话中出现的“方言味儿”、“洋味儿”。

第五章

语流中的语音发声变化

我们在生活、工作和学习中常常会遇到这样的情况，许多人，特别是来自方言区的人们，通过学习，已经能够按普通话的声、韵、调的要求发好单个音节了。不论是声母、韵母，还是声调，怎么听都没有毛病，但如果你让他（她）读一篇文章，或完整地讲一段话，就会发现情况不一样了。我们发现，能发好单个音节的人们，在把每个音节组合起来连续说或念出来的时候，却不那么标准、规范了。这是什么原因呢？其实，无论我们是在读文章，还是在说话，都不可能单独、孤立地去发每一个音节、读每一个字，而必须是连续发出一串串的音节，形成语流。在语流中，由于音节间的相互影响，一些音节中的声母、韵母或声调会发生语音的变化，我们称之为语流音变。那些能发好单个音节而不能标准、规范地读一篇文章，或完整地讲一段话的人们，就是不能准确地把握音素与音素、音节与音节、声调与声调之间相互影响所产生的语音变化所致。因此，我们要在学习和掌握汉语音节声、韵、调的基础上，准确掌握汉语普通话的语流音变规律。

普通话中最典型的语流音变是轻声、儿化、变调和语气词“啊”的变化。

一、轻声

1. 什么是轻声

普通话的每个音节都有它的声调，可是在我们说话或者念文章的时候，有些字音却常常失去了原有的声调而发成或念成较轻、较短的调子，我们把它称作轻声。

所有的轻声音节发音都变得轻而短，但并非音高都相同。轻声音节在音高上这种差别往往取决于前一个音节声调的高低：

阴平后面的轻声音节念半低调（2 度）：哥哥（gē ge）

阳平后面的轻声音节念中调（3 度）：回来（huí lai）

上声后面的轻声音节念半高调（4 度）：喜欢（xǐ huan）

去声后面的轻声音节念低调（1 度）：月亮（yuè liang）

2. 轻声的作用

汉语普通话中的轻声往往有区别词性和词义的作用。例如：

我买了一张电影《地道战》的 DVD 光盘。

地道：dì dào，地下坑道（名词）

那个外国人北京话说得还挺地道呢。

地道：dì dao，真正的（形容词）

2008 北京奥运会主题歌《我和你》的歌词大意是……

大意：dà yì，主要的意思（名词）

你别太大意了。

大意：dà yi，粗心、疏忽（形容词）

还有包涵（bāo han）~包含（bāo hán）、报酬（bào chou）~报仇（bào chóu）、比试（bǐ shi）~笔试（bǐ shì）、东西（dōng xi）~东西（dōng xī），等等。

因此，我们在讲话或读文章时，应当特别注意有些必须读成轻声的音节，以避免造成词义不清，使人产生误解。有些轻声音节虽然不区别词义，但在普通话中也应读轻声，否则会影响语言的流畅和语气的变化。

3. 音节在什么情况下才发轻声（轻声音节出现的规律）

（1）语气词“吧、吗、啊、呢”等。例如：

您去2008北京奥运会的鸟巢体育场参观游览过吧（ba），您觉得漂亮吗（ma）？

我上周去的，鸟巢真漂亮啊（a）！

（2）助词“着、了、过、的、地、得、们”等。例如：

在我们（men）的首都北京，盛开着（zhe）许多美丽的（de）鲜花，它装扮着（zhe）城市、净化着（zhe）空气、美化了（le）人们（men）的生活，受到了（le）市民的（de）赞誉。

（3）名词的后缀“子、儿、头”等。例如：

我儿子（ér zi）就是个高，有时笨得就像一根木头（mù tou）柱子（zhù zi）。

（4）重叠式名词、动词的后一个音节。例如：

姐姐（jiě jie）和妹妹（mèi mei），你看看（kàn kan）我，我看看（kàn kan）你，谁也没说什么。

（5）表示趋向的动词。例如：

一切都像刚睡醒的样子，欣欣然张开了眼。山朗润起来（qǐ

lai）了，水涨起来（qǐ lai）了，太阳的脸红起来（qǐ lai）了。

（6）方位词。例如：

天上（tiān shang）的风筝渐渐多了，地上（dì shang）的孩子也多了。城里（chéng li）乡下（xiāng xia），家家户户，老老小小，也赶趟似的，一个个都出来了。

（7）有些双音节词的第二个音节，按习惯要读成轻声。例如：

相声（xiàng sheng）	扫帚（sào zhou）
马虎（mǎ hu）	衣服（yī fu）
庄稼（zhuāng jia）	太阳（tài yang）
告诉（gào su）	萝卜（luó bo）
商量（shāng liang）	眉毛（méi mao）
眼睛（yǎn jing）	玻璃（bō li）
窗户（chuāng hu）	明白（míng bai）
云彩（yún cai）	刺猬（cì wei）
清楚（qīng chu）	哆嗦（duō suo）
犹豫（yóu yu）	书记（shū ji）
月亮（yuè liang）	大夫（dài fu）
豆腐（dòu fu）	秘书（mì shu）
打听（dǎ ting）	性子（xìng zi）
老婆（lǎo po）	意思（yì si）

提示

轻声音节是弱化音节，在发音时既不能拖长，也不能过于短促，让人听不清楚，造成吃字。

二、儿化

1. 什么是儿化

儿化又称儿化韵，是普通话和某些汉语方言中的一种语音现象，即后缀“儿”字不自成音节，而同前面的音节合在一起，使前一音节的韵母成为卷舌韵母。普通话中的 39 个韵母，除本身已是卷舌的韵母 er 以外，理论上都可以儿化，但实际上韵母 ê 未见儿化词，只有 37 个韵母可以儿化。

2. 儿化的作用

“儿化”在普通话里起着修饰语言色彩和表示语法功能的积极作用。

（1）表示喜爱、亲切的情感。例如：

这小孩儿（háir）舞跳得真好。

（2）表示少或小的意思。例如：

等一会儿（huìr），我马上就来。

她心眼儿（yǎnr）真小。

（3）区分词性。例如：

这幅风景画儿（huàr）画得真好。

（4）区分词义。例如：

眼（yǎn）［眼睛］～眼儿（yǎnr）［小窟窿］

头（tóu）［脑袋］～头儿（tóur）［首领］

3. 儿化音变的发音规律

（1）以 ɑ、o、e、ê、u 结尾的音节，儿化时在原韵母后直接加卷舌动作。例如：

板擦儿～cār　　人家儿～jiār

暗花儿～huār　　歪脖儿～bór

半道儿～dàor　　大伙儿～huǒr

豆角儿～jiǎor　　饱嗝儿～gér

锅贴儿～tiēr　　主角儿～juér

摆谱儿～pǔr　　奔头儿～tour

顶牛儿～niúr

（2）以 i 结尾的音节，儿化时失落韵尾 i，在主要元音后加卷舌动作。例如：

加塞儿～sār（sāir）　　一块儿～kuàr（kuàir）

摸黑儿～hēr（hēir）　　对味儿～wèr（wèir）

（3）以 n、ng 结尾的音节，儿化时失落韵尾 n、ng，将前面的元音鼻化后加卷舌动作。例如：

门槛儿～kǎ̃r（kǎnr）　　门脸儿～liǎ̃r（liǎnr）

火罐儿～guà̃r（guànr）　　跨院儿～yuà̃r（yuànr）

大婶儿～shě̃r（shěnr）　　冰棍儿～gù̃r（gùnr）

穿堂儿～tá̃r（tángr）　　花样儿～yà̃r（yàngr）

打晃儿～huà̃r（huàngr）　　脖梗儿～gě̃r（gěngr）

嗡嗡儿 ~ wẽr（wēngr） 门洞儿 ~ dõr（dòngr）

小熊儿 ~ xiõr（xióngr）

（4）韵母为 i、ü 的音节，儿化时在原韵母后加 er。例如：

门鼻儿 ~ bier（bír） 玩意儿 ~ yier（yìr）

凑趣儿 ~ quer（qùr） 小曲儿 ~ quer（qǔr）

（5）韵母为 in、ün、ing 的音节，儿化时失落韵尾 n、ng，将前面的元音鼻化后加 er。例如：

抄近儿 ~ jĩer（jìnr） 合群儿 ~ qũer（qúnr）

打鸣儿 ~ mĩer（míngr）

（6）以 -i（前）和 -i（后）为韵母的音节，儿化时去掉主要元音，在声母后直接加 er。例如：

瓜子儿 ~ zer（zǐr） 毛刺儿 ~ cer（cìr）

扳指儿 ~ zher（zhir） 锯齿儿 ~ cher（chǐr）

4. 儿化发音训练

绕口令

进了门儿，倒杯水儿，喝了两口儿运运气儿，顺手儿拿起小唱本儿，唱一曲儿，又一曲儿，练完了嗓子我练嘴皮儿，绕口令儿，练习音儿，还有单弦牌子曲儿，小快板儿，大鼓词儿，越说越唱我越带劲儿。

三、变调

1. 什么是变调

我们在说话或读文章时，音节在连读或连说的情况下，相邻音节的声调会发生变化，我们把这种现象称之为变调。汉语普通话中的变调主要包括上声变调、去声变调，“一”和“不”的变调以及重叠形容词的变调。

2. 上声变调

上声在阴平、阳平、上声、去声、轻声前都会产生变调，只有在单念或处在词语、句子的末尾时才读原调。

（1）上声音节在阴平、阳平、去声和轻声音节前，其调值由 214 变为 21，也记作 211。例如：

上声 + 阴平

警钟（jǐng zhōng）　保温（bǎo wēn）　火车（huǒ chē）

省心（shěng xīn）　摆脱（bǎi tuō）　百般（bǎi bān）

上声 + 阳平

祖国（zǔ guó）　旅行（lǚ xíng）　导游（dǎo yóu）

改革（gǎi gé）　朗读（lǎng dú）　考察（kǎo chá）

稿酬（gǎo chóu）　满族（mǎn zú）　奶牛（nǎi niú）

上声 + 去声

广大（guǎng dà）　讨论（tǎo lùn）　挑战（tiǎo zhàn）

土地（tǔ dì）　稿件（gǎo jiàn）　感谢（gǎn xiè）
毁灭（huǐ miè）　好运（hǎo yùn）　马上（mǎ shàng）

上声＋轻声

耳朵（ěr duo）　马虎（mǎ hu）　口袋（kǒu dai）
尾巴（wěi ba）　口子（kǒu zi）　姐姐（jiě jie）
矮子（ǎi zi）　斧子（fǔ zi）　打听（dǎ ting）

（2）上声音节与上声音节相连，前面一个音节的调值由 214 变为 35。实验语音学从实验证明，前上、后上构成的组合与前阳、后上构成的组合在声调模式上是相同的。说明两个上声相连时，前上的调值变得跟阳平的调值一样。例如：

上声＋上声

广场（guǎng chǎng）　简短（jiǎn duǎn）
海岛（hǎi dǎo）　粉笔（fěn bǐ）
首长（shǒu zhǎng）　手指（shǒu zhǐ）
懒散（lǎn sǎn）　母语（mǔ yǔ）
减少（jiǎn shǎo）　旅馆（lǚ guǎn）
古典（gǔ diǎn）　小组（xiǎo zǔ）

（3）三个上声音节相连，一般来说，末尾音节不变调。前上和中上要发生变调，但有两种变调情况。

① 当词语的结构是双音节＋单音节时，前上和中上的调值都变成为 35 调。例如：

勇敢者（yǒng gǎn zhě）　打靶场（dǎ bǎ chǎng）
展览馆（zhǎn lǎn guǎn）　管理组（guǎn lǐ zǔ）
水彩笔（shuǐ cǎi bǐ）　洗脸水（xǐ liǎn shuǐ）
手写体（shǒu xiě tǐ）　选举法（xuǎn jǔ fǎ）
免检品（miǎn jiǎn pǐn）　橄榄果（gǎn lǎn guǒ）

②当词语的结构是单音节＋双音节，开头音节处在被强调的逻辑重音时，读作“半上”，调值变为21，中间音节则按两字组变调规律变为35。例如：

党小组（dǎng xiǎo zǔ） 撒火种（sǎ huǒ zhǒng）
冷处理（lěng chǔ lǐ） 耍笔杆（shuǎ bǐ gǎn）
小两口（xiǎo liǎng kǒu） 纸老虎（zhǐ lǎo hǔ）
老保守（lǎo bǎo shǒu） 小拇指（xiǎo mǔ zhǐ）
老古董（lǎo gǔ dǒng） 左脚掌（zuǒ jiǎo zhǎng）

3. 去声变调

去声音节在非去声音节前一律不变。在去声音节前则由全降变成半降，调值由51变成53。例如：

制胜（zhì shèng） 赞颂（zàn sòng）
验货（yàn huò） 记录（jì lù）
摄像（shè xiàng） 速递（sù dì）
救护（jiù hù） 贵重（guì zhòng）
道路（dào lù）

4. “一”、“不”的变调

汉语普通话还有“一”、“七”、“八”、“不”的变调。由于普通话中“七”、“八”已经趋向于不变调，学习普通话只要求掌握“一”、“不”的变调。“一”的单字调是阴平55，“不”的单字调是去声51，在单念或处在词句末尾的时候，不变调（以下“一”和“不”的拼音标注的是变调后的声调）。

（1）“一”有两种变调。

① 在去声音节前调值变为 35，跟阳平的调值一样。例如：

一共（yí gòng）　一旦（yí dàn）　一定（yí dìng）

一概（yí gài）　一样（yí yàng）　一度（yí dù）

一半（yí bàn）　一再（yí zài）　一切（yí qiè）

② 在阴平、阳平、上声前，即在非去声前，调值变为 51，跟去声的调值一样。例如：

阴平前

一般（yì bān）　一边（yì biān）　一端（yì duān）

一生（yì shēng）　一些（yì xiē）　一心（yì xīn）

一经（yì jīng）　一方（yì fāng）　一天（yì tiān）

阳平前

一连（yì lián）　一同（yì tóng）　一如（yì rú）

一行（yì xíng）　一直（yì zhí）　一齐（yì qí）

一言（yì yán）　一时（yì shí）　一年（yì nián）

上声前

一准（yì zhǔn）　一口（yì kǒu）　一起（yì qǐ）

一早（yì zǎo）　一手（yì shǒu）　一举（yì jǔ）

一眼（yì yǎn）　一角（yì jiǎo）　一览（yì lǎn）

当“一”作为序数表示“第一”时，不变调。例如：“一楼”的“一”不变调，表示“第一楼”或“第一层楼”，而变调则表示“全楼”。“一连”的“一”不变调时，表示“第一连”，而变调则表示“全连”。副词“一连”中的“一”也变调，如“一连五天”。

（2）“不”字只有一种变调。当“不”在去声音节前调值变为 35，跟阳平的调值一样。例如：

不但（bú dàn）　不变（bú biàn）　不像（bú xiàng）

不是（bú shì）　　不错（bú cuò）　　不必（bú bì）

不畅（bú chàng）　　不要（bú yào）　　不看（bú kàn）

（3）“一”、“不”夹在重叠式动词或动词和补语之间，“不”夹在重叠式形容词之间都轻读，属于“次轻音”。例如：

夹在动词之间

听一听（tīng yi tīng）　　穿一穿（chuān yi chuān）

动一动（dòng yi dòng）　　看一看（kàn yi kàn）

学一学（xué yi xué）　　写一写（xiě yi xiě）

去不去（qù bu qù）　　买不买（mǎi bu mǎi）

谈不谈（tán bu tán）　　吃不吃（chī bu chī）

夹在形容词之间

会不会（huì bu huì）　　好不好（hǎo bu hǎo）

红不红（hóng bu hóng）　　缺不缺（quē bu quē）

大不大（dà bu dà）　　冷不冷（lěng bu lěng）

夹在动词和补语之间

看不清（kàn bu qīng）　　起不来（qǐ bu lái）

拿不动（ná bu dòng）　　打不开（dǎ bu kāi）

做一次（zuò yi cì）　　跑一下（pǎo yi xià）

四、语气词“啊”的变化

“啊”是表达感情的基本声音，如果单独使用，或在句子开头和末尾不与其他元音连续使用时，一般都发“啊”音。当受到前一个音节韵尾影响时，就会发生音变现象。

（1）“啊”前面音节的韵母或韵母的尾音是 a、o、uo、e、ê、i、ü 时，一般发“ya”音。例如：

他啊！　tā ~ ya

你快说啊！　shuō ~ ya

你说什么啊？　me ~ ya

你快写啊！　xiě ~ ya

这个事，你先别提啊！　tí ~ ya

你快去啊！　qù ~ ya

（2）“啊”前面音节韵母的尾音是 n 时，一般发“na”音。例如：

你要小心啊！　xīn ~ na

咱们都是一家人啊！　rén ~ na

（3）“啊”前面音节韵母的尾音是 ng 时，一般发“nga”音。例如：

参加汶川大地震抗震抢险的志愿者们都是英雄啊！xióng ~ nga

我们来一起唱啊！　chàng ~ nga

（4）“啊”前面音节的韵母或韵母的尾音是 ao、u 时，一般发“ua”音。例如：

改革开放以后的生活多么美好啊！　hǎo ~ ua

这老爷子多有福啊！　fú ~ ua

（5）“啊”前面音节的韵母是 -i（前）时，一般发“za”音。例如：

你去过香港几次啊？　cì ~ za

这是谁写的字啊？　zì ~ za

（6）“啊”前面音节的韵母是 -i（后）时，一般发“ra”音。例如：

你有什么事啊？　shì ~ ra

你快点吃啊！　chī ~ ra

第六章

语　调

语调是人们在语流中用抑扬顿挫来表情达意的所有语音形式的总和。语调构成的语音形式主要表现在音高、音长、音强等非音质成分上。在汉语普通话的语调训练中，首先应该注重音高的变化，其次，应当注意音长的变化，当然也不要忽略节奏和语速。

学习普通话的语调，应该注意以下几个方面。

一、注意语句总体音高的变化

普通话的语调，首先表现在语句音高的高低、升降、曲折等变化上。

1. 语句的降调

说话时句尾呈前高后低的下降语调。如一般陈述句、祈使句、感叹句以及近距离对话等情况。在普通话语句中，降调出现频率高。例如：

爸爸和妈妈都退休了。↘　　（陈述）

各位旅客，北京西站到了。↘　　（陈述）

都把总结交上来！↘　　（祈使）

举办奥运会时，北京的天空是多么蓝啊！↘　　　（感叹句）

2. 语句的升调

说话时句尾呈前低后高的上升语调。如一般疑问句、反问句，以及出现在长句子中的前半句。但是，特殊疑问句应为降调。例如：

办公室里还有人吗？↗　　　（疑问句）

难道你还不明白吗？↗　　　（反问句）

3. 语句的平调

说话时语调没有明显的升降趋势，语句的音高变化不明显。如思考问题、宣读名单、公布成绩等情况。此外，远距离说话，以及在人群前大声喊话时，可能出现总体高平的调形，但一般句子里，各个字的字调和连续变调依然存在。例如：

领导老批评我，问题究竟出在哪儿呢？→

（思考问题）

本年度被评为优秀员工的有：白洁、李丽、张军。→

（宣读名单）

我儿子期末考试语文得了 80 分，数学得了 76 分。→

（公布成绩）

4. 语句的曲折调

说话时语调的高低有曲折变化，多在表达特殊感情时出现。如表示嘲讽的语气、愤怒的语气等。例如：

就你漂亮，谁能跟你比！（嘲讽）

你太不像话了！（愤怒）

二、掌握普通话词语的轻重格式

我们经常会听到一些来自方言地区和境外的朋友在说普通话的时候，即使能够把每一个字的声韵调都能原原本本、清清楚楚、准确无误地说出来，但仍然感觉不自然，很生硬，不像纯正的普通话。这是什么原因呢？其实，普通话也存在词重音和句重音，只是由于声调在普通话中担负着较重的辨义作用，词重音和句重音有所淡化罢了。因此，掌握词的轻重格式不仅对于我们说好普通话很重要，也是普通话水平较高的表现之一。

1. 什么是普通话词语的轻重格式

在汉语普通话中，一句话中的双音节词或多音节词中的每一个音节都有轻重强弱的不同，造成这种变化的原因，除了音节与音节之间声调的区别外，还因为构成一句话的词或词组的每个音节，在音量上不均衡。我们把普通话中双音节或多音节词的各个音节约定俗成的轻重强弱差别，称之为词的轻重格式。

2. 普通话词语轻重格式的基本形式

大多数双音节、三音节、四音节词语的最后一个音节读为重音。双音节词语占普通话词语总数的绝对优势，绝大多数读为

“中 · 重”的格式；三音节词语大多数读为“中 · 次轻 · 重”的格式；四音节词语大多数读为“中 · 次轻 · 中 · 重”的格式。另外，双音节词语还有读为“后轻”的格式。

（1）双音节词语的“中 · 重”格式。例如：

人生（rén shēng）　　日常（rì cháng）

大洋（dà yáng）　　自然（zì rán）

活动（huó dòng）　　演化（yǎn huà）

文明（wén míng）　　词汇（cí huì）

节奏（jié zòu）　　林木（lín mù）

假如（jiǎ rú）　　进步（jìn bù）

（2）三音节词语的“中 · 次轻 · 重”格式。例如：

招待会（zhāo dài huì）　　抗生素（kàng shēng sù）

交际舞（jiāo jì wǔ）　　白兰地（bái lán dì）

闪电战（shǎn diàn zhàn）　　尼古丁（ní gǔ dīng）

东方红（dōng fāng hóng）　　面包车（miàn bāo chē）

巧克力（qiǎo kè lì）　　国庆节（guó qìng jié）

（3）四音节词语的“中 · 次轻 · 中 · 重”格式。例如：

大大方方（dà dà fāng fāng）

社会主义（shè huì zhǔ yì）

奥林匹克（ào lín pǐ kè）

集体经济（jí tǐ jīng jì）

最后通牒（zuì hòu tōng dié）

高高兴兴（gāo gāo xìng xìng）

（4）双音节词语的“后轻”格式。

① 重 · 最轻格式（重 · 最轻格式的轻读音节，用汉语拼音注音时，不标声调号）。例如：

东西（dōng xi）　　麻烦（má fan）　　规矩（guī ju）

客气（kè qi）

② 重·次轻格式（重·次轻格式的轻读音节，一部分标注声调号，另一部分不标注声调号）。例如：

标注

新鲜（xīn xiān）　　客人（kè rén）

风水（fēng shuǐ）　　匀称（yún chèn）

不标注

分析（fēn xi）　　老实（lǎo shi）

制度（zhì du）　　臭虫（chòu chong）

掌握轻声词语是学习普通话的基本要求。所谓“港台腔”，主要原因之一就是没有掌握轻声词语的发音。我们把声调掌握好了，就会解决学习普通话中出现的“方言味儿”、“洋味儿”。我们掌握了汉语普通话的轻重格式，特别是轻声词语，就会去掉“港台腔”，使我们的普通话说得规范、准确了。

三、掌握普通话的正常语速

普通话的正常语速为不紧不慢的中速，也就是每分钟大约说出240个左右的汉字。比较而言，外语的正常语速为快速，每分钟大约能说出300个以上的音节。有的汉语方言也有偏快的倾向，当学习普通话还处在起步阶段时，会出现语速过慢或忽快忽慢的情况，这就更需要我们在说汉语普通话的时候，掌握好汉语普通话的正常语速。

第七章

汉语普通话容易读错的字及正确的读音标准

许多普通话的学习者在说普通话时，经常碰到这样的问题，就是有的字不知道怎么读才是标准的。不仅一般人会碰到这样的问题，就是许多专业的话剧演员、影视演员，电台、电视台的播音员、主持人也常常会遇到这些问题。现将人们经常容易出现异读的字整理出来，供大家参考。

一、多音字

A

阿（一）ā　～訇　～拉伯　～姨

（二）ē　～谀　～胶　～弥陀佛　刚直不～

挨（一）āi　～个儿　～近　～挤

（二）ái　～打　～骂　～说　～斗

艾（一）ài　～绒　方兴未～

（二）yì　怨～　自怨自～

拗（一）ào　～口　违～

（二）niù　执～　～劲

B

般	（一）bān	一～　百～
	（二）bō	～若
	（三）pán	～乐
膀	（一）bǎng	肩～
	（二）bàng	吊～子
	（三）pāng	～肿
	（四）páng	～胱　蹄～
蚌	（一）bàng	～壳　鹬～相争
	（二）bèng	～埠（地名）
薄	（一）báo	～纸　～板　～饼　～脆
	（二）bó	～弱　～膜　淡～　单～
	（三）bò	～荷　～荷脑
堡	（一）bǎo	碉～　桥头～　～垒
	（二）bǔ	～子　瓦窑～（地名）
	（三）pù	十里～（地名）
暴	（一）bào	～露　～发　～力　～晒
	（二）pù	（同“曝”）
曝	（一）pù	一～十寒　～晒
	（二）bào	～光
秘	（一）bì	～鲁（国名）
	（二）mì	～密　～书　～方
泌	（一）bì	～阳（地名）
	（二）mì	分～　～尿

辟（一）bì　　复～　～举

（二）pì　　开～　～谣　精～

臂（一）bì　　手～　～膀　～弯

（二）bei　　胳～

扁（一）biǎn　　～平　～担

（二）piān　　～舟

骠（一）biāo　　黄～马

（二）piào　　～勇　～骑将军

屏（一）bǐng　　～除　～弃　～气

（二）píng　　～幕　～风　～蔽

剥（一）bō　　～削　～夺　～离

（二）bāo　　～皮儿　～壳儿

蕃（一）bō　　吐～（古代民族）

（二）fān　　（古同“番”）

（三）fán　　～盛　～滋

泊（一）bó　　淡～　漂～　停～

（二）pō　　湖～　血～

伯（一）bó　　～父　～乐　～爵

（二）bǎi　　大～子（丈夫的哥哥）

簸（一）bǒ　　颠～

（二）bò　　～箕

C

藏（一）cáng　　矿～　～匿　卧虎～龙

（二）zàng　　宝～　西～　～族　～红花

差	（一）chā	偏～　～别　～错　～异
	（二）chà	～不多　～不离　～点儿
	（三）chāi	～遣　～事　～役
	（四）cī	参～不齐
查	（一）chá	检～　～访
	（二）zhā	（姓）
刹	（一）chà	～那　古～
	（二）shā	～车
禅	（一）chán	～宗　～师　～房
	（二）shàn	～让　～位　封～
颤	（一）chàn	～动　～抖　～音
	（二）zhàn	～栗　打～
裳	（一）cháng	霓～羽衣
	（二）shāng	衣～（shang）
场	（一）chǎng	～合　～面　～所
	（二）cháng	～院　一～雨
车	（一）chē	汽～　杯水～薪
	（二）jū	～马炮（象棋棋子名称）
称	（一）chèn	～心　～职
	（二）chēng	～号　～赞
	（三）chèng	（同“秤”）
乘	（一）chéng	～警　～风破浪　～人之危
	（二）shèng	史～　千～之国
澄	（一）chéng	～清　～澈　～净
	（二）dēng	黄～～
	（三）dèng	把水～清

仇（一）chóu　～恨　复～
（二）qiú　（姓）
臭（一）chòu　遗～万年　～氧　～美
（二）xiù　（同“嗅”）乳～未干　铜～
处（一）chǔ　～理　相～　～罚
（二）chù　办事～　～长
畜（一）chù　牲～　家～　～禽　～栏
（二）xù　～产　～牧　～养
创（一）chuàng　～业　～举　～作　首～
（二）chuāng　～伤　～痕　～口　重～
绰（一）chuò　～～有余　～号
（二）chuo　宽～　阔～
撮（一）cuō　～合　一小～儿
（二）zuǒ　一～儿毛

D

答（一）dá　报～　～案　～复
（二）dā　～理　～应
沓（一）dá　一～
（二）tà　重～　纷至～来
（三）ta　疲～
大（一）dà　～小　～腕儿　～气
（二）dài　～夫　山～王
逮（一）dǎi　～耗子　～蚊子　～特务
（二）dài　～捕

当（一）dāng　　～地　～年（指过去某年）　～日（指过去某时）　～天（指过去某天）

（二）dàng　　适～　～年（指同一年）　～日（指同一日）　～天（指同一天）

叨（一）dāo　　唠～（dao）　～念

（二）dáo　　～咕

（三）tāo　　～扰

倒（一）dǎo　　颠～黑白　颠三～四　排山～海

（二）dào　　～车　～计时　～退

提（一）dī　　～防　～溜

（二）tí　　～高　～取　～纲

度（一）dù　　尺～　气～　程～

（二）duó　　揣～　审时～势

E

恶（一）ě　　～心

（二）è　　～劣　～毒

（三）wū　　（同“乌”）

（四）wù　　好～　厌～

F

坊（一）fāng　　牌～　街～（fang）

（二）fáng　　磨～　碾～　染～　油～

G

伽	（一）gā	～马射线
	（二）jiā	～倻琴
	（三）qié	～蓝
扛	（一）gāng	力能～鼎
	（二）káng	～枪　～活
葛	（一）gé	～藤　～布　瓜～
	（二）gě	（姓）
给	（一）gěi	～面子　～以
	（二）jǐ	补～　供～　自～自足
供	（一）gōng	～给　提～　～不应求
	（二）gòng	口～　上～
红	（一）gōng	女～
	（二）hóng	～色　～利
呱	（一）gū	～～坠地
	（二）guā	顶～～　～～叫
	（三）guǎ	拉～儿
贾	（一）gǔ	商～　～人
	（二）jiǎ	（姓）
冠	（一）guān	～心病　～冕堂皇
	（二）guàn	～名　～军　～礼
观	（一）guān	～察　～赏　参～
	（二）guàn	道～　贞～之治
纶	（一）guān	羽扇～巾

	（二）lún	晴～　锦～
龟	（一）guī	乌～
	（二）jūn	～裂
	（三）qiū	～兹（cí，古国名）
桧	（一）guì	～柏（树名）
	（二）huì	秦～（人名）

H

哈	（一）hā	～尔滨　～蜜瓜　～拉　～腰
	（二）hǎ	～达　～巴狗
	（三）hà	～什蚂（满语音译）
貉	（一）háo	～子　～绒
	（二）hé	一丘之～
和	（一）hé	～蔼　～谐　～平
	（二）hè	附～　曲高～寡　一唱一～
	（三）hú	开～
	（四）huó	～面　～泥
	（五）huò（huo）	搅～　热～　软～　～稀泥
吓	（一）hè	恐～　恫～
	（二）xià	～唬
横	（一）héng	～竖　～行霸道
	（二）hèng	蛮～　～祸
混	（一）hún	（同“浑”）
	（二）hùn	～合　～乱　～淆

J

脊	（一）jí	～梁　～檩
	（二）jǐ	～髓　～柱
济	（一）jǐ	～南（地名）　人才～～
	（二）jì	～贫　无～于事
纪	（一）jǐ	（姓）
	（二）jì	～念　～律　～元
系	（一）jì	～鞋带儿　～扣儿
	（二）xì	～统　联～　～马
间	（一）jiān	中～　时～　车～
	（二）jiàn	中～儿　～隔　～谍　～断
监	（一）jiān	～狱　～听
	（二）jiàn	太～　国子～
见	（一）jiàn	看～　～谅
	（二）xiàn	（同“现”）
将	（一）jiāng	～要　～来
	（二）qiāng	～进酒
强	（一）jiàng	倔～　～嘴
	（二）qiáng	～盛　～大　～制
	（三）qiǎng	～求　～迫　～词夺理　～颜欢笑
嚼	（一）jiáo	味同～蜡　咬文～字
	（二）jué	咀～
	（三）jiào	倒～
角	（一）jiǎo	五～星　独～戏　～度　～落
	（二）jué	～色　～逐　主～　口～

脚	（一）jiǎo	手～　～印　～本
	（二）jué	（同“角”）
校	（一）jiào	～对　～订
	（二）xiào	学～　～官
结	（一）jiē	开花～果　～实
	（二）jié	～果　～石　～束
解	（一）jiě	～体　～渴　～释　费～
	（二）jiè	押～　～差
	（三）xiè	（姓）　浑身～数
禁	（一）jīn	～受　情不自～　弱不～风
	（二）jìn	～止　监～　关～闭
尽	（一）jǐn	～管　～快　～量
	（二）jìn	～忠　～孝　～量
劲	（一）jìn	～头　没～　干～儿
	（二）jìng	强～　～旅　疾风～草
倔	（一）jué	～强
	（二）juè	～头～脑

K

卡	（一）kǎ	～车　～通　～介苗　～片
	（二）qiǎ	～子　关～　～住
壳	（一）ké	贝～　外～儿　鸡蛋～儿
	（二）qiào	地～　金蝉脱～
可	（一）kě	～爱　～耻　～观
	（二）kè	～汗

空（一）kōng　～城计　～气　天～
　（二）kòng　～闲　～隙
溃（一）kuì　～烂　～败　～退
　（二）huì　～脓

L

落（一）là　丢三～四
　（二）lào　～汗　～枕
　（三）luò　～魄　～后　～脚
勒（一）lè　～令　～索　悬崖～马
　（二）lēi　～紧
擂（一）léi　～鼓　自吹自～
　（二）lèi　～台　～主　打～
累（一）lèi　劳～　受～
　（二）léi　～赘
　（三）lěi　连～　～积　～计
蠡（一）lí　管窥～测
　（二）lǐ　范～（人名）
令（一）líng　～狐（古地名、姓）
　（二）lǐng　一～纸
　（三）lìng　命～　时～　～尊
量（一）liáng　～度　～具　～筒
　（二）liàng　重～　计～　～体裁衣
　（三）liang　打～　掂～
淋（一）lín　～浴　～巴　～漓尽致
　（二）lìn　过～　～病

笼（一）lóng　　～子　牢～　～火
（二）lǒng　　～络　～统　～罩
弄（一）lòng　　～堂　里～
（二）nòng　　玩～　～假
偻（一）lóu　　佝～
（二）lǚ　　伛（yǔ）～　～指
露（一）lòu　　～面　～光　～头　～怯
（二）lù　　裸～　～天　～骨　抛头～面
绿（一）lù　　～林　鸭～江
（二）lǜ　　～色　～豆　～地
捋（一）luō　　～袖子
（二）lǚ　　～胡子　～头绪

M

脉（一）mài　　一～相承　血～相连
（二）mò　　～～传情
蔓（一）màn　　～延　～生
（二）mán　　～菁
（三）wàn　　瓜～　藤～
蒙（一）mēng　　～～亮　～骗　发～
（二）méng　　启～　～难
（三）měng　　～古族
眯（一）mí　　～眼
（二）mī　　～缝　～会儿

靡（一）mí　　～费　奢～
　（二）mǐ　　望风披～　～丽
模（一）mó　　～范　～糊　～型
　（二）mú　　～具　～样　～子
无（一）mó　　南～阿弥陀佛
　（二）wú　　～论　～敌

N

南（一）nā　　～无阿弥陀佛
　（二）nán　　～北　～极
那（一）nā　　（姓）
　（二）nǎ　　（同“哪”）
　（三）nà　　～些　～时
难（一）nán　　困～　～题　～点
　（二）nàn　　发～　刁～　～兄～弟
粘（一）nián　　（同“黏”）
　（二）zhān　　～贴　～连
尿（一）niào　　糖～病　～床
　（二）suī　　～泡
泥（一）ní　　～土　水～
　（二）nì　　～墙　拘～
宁（一）níng　　安～　～静
　（二）nìng　　～可　～肯

O

区（一）ōu　　（姓）
　（二）qū　　地～　～分

P

喷（一）pēn　　～嚏　～射　香～～　嚏～（pen）
　（二）pèn　　～香
片（一）piān　　唱～儿　画～儿
　（二）piàn　　影～　～酬　～段　～面
朴（一）piáo　　（姓）
　（二）pō　　～刀
　（三）pò　　～硝
　（四）pǔ　　～素　俭～　质～
仆（一）pū　　前～后继
　（二）pú　　～从　～人

Q

栖（一）qī　　两～　～息
　（二）xī　　～～
蹊（一）qī　　～跷
　（二）xī　　～径

祇（一）qí　　神～

（二）zhǐ　　（同“只”）

荨（一）qián　　～麻

（二）xún　　～麻疹

纤（一）qiàn　　～夫　～绳

（二）xiān　　～弱　～维　～细

悄（一）qiāo　　静～～　～～儿的

（二）qiǎo　　～然无声

翘（一）qiáo　　～往　～盼　～首

（二）qiào　　～尾巴

曲（一）qū　　～线　～尺　～折

（二）qǔ　　～调　～谱

觑（一）qū　　～～眼

（二）qù　　面面相～　小～

券（一）quàn　　债～　入场～

（二）xuàn　　拱～

R

若（一）rě　　般～

（二）ruò　　～干　～无其事

任（一）rén　　（地名、姓）

（二）rèn　　～务　担～

S

塞	（一）sāi	～住　～子
	（二）sài	～外　要～
	（三）sè	堵～　搪～　～音
扫	（一）sǎo	～兴　～地　～射
	（二）sào	～帚　～把
杉	（一）shā	～木　～蒿
	（二）shān	红～　水～
召	（一）shào	（姓）
	（二）zhào	号～　～集　～开
折	（一）shé	（姓）　～本
	（二）zhē	～腾　～跟头
	（三）zhé	～断　打～
舍	（一）shě	～弃　～近求远　施～
	（二）shè	宿～　退避三～　～利
莘	（一）shēn	（姓）　～～学子
	（二）xīn	～庄（地名）
似	（一）shì	～的
	（二）sì	相～　～乎
遂	（一）suì	～心　毛～自荐
	（二）suí	半身不～

T

挑（一）tiāo　　～选　～剔　～担

　（二）tiǎo　　～拨　～起　～大梁

帖（一）tiē　　张～　妥～　服～

　（二）tiě　　请～　名～

　（三）tiè　　碑～　字～

W

唯（一）wéi　　～一　～命是从

　（二）wěi　　～～诺诺

X

肖（一）xiāo　　（姓）

　（二）xiào　　生～　～像

削（一）xiāo　　～球　刀～面　～铅笔

　（二）xuē　　剥～　～弱　～减　～发

血（一）xiě　　～糊糊　～淋淋　一针见～

　（二）xuè　　～泊　～压　～脉　～海深仇

吁（一）xū　　长～短叹

　（二）yū　　（象声词）

　（三）yù　　～求　呼～

旋（一）xuán　　～律　～涡
　（二）xuàn　　～风　～床

Y

殷（一）yān　　～红
　（二）yīn　　～勤　～切
应（一）yīng　　～该　～许　～允
　（二）yìng　　～承　～付　～声　～用　～征
与（一）yú　　（同“欤”）
　（二）yǔ　　～其　～时俱进
　（三）yù　　～会　～闻
晕（一）yūn　　～倒　～头
　（二）yùn　　～针　～车　～高儿

Z

载（一）zǎi　　记～　登～
　（二）zài　　搭～　装～　怨声～道　～歌～舞
择（一）zé　　选～　～偶　～业
　（二）zhái　　～菜　～席
占（一）zhān　　（姓）　～卜　～梦
　（二）zhàn　　～领　～便宜
涨（一）zhǎng　　高～　～潮
　（二）zhàng　　头昏脑～　～大
着（一）zhāo　　～点盐

（二）zháo　～急　～迷　～凉　～火

（三）zhe　听～　看～点儿

（四）zhuó　～落　～手　～眼　～装

爪（一）zhǎo　（姓）　鹰～　虎～　～牙

（二）zhuǎ　～子　猫～儿

症（一）zhēng　～结

（二）zhèng　病～　对～下药

吱（一）zhī　咯～　嘎～

（二）zī　～～　～声

钻（一）zuān　～探　～孔

（二）zuàn　～床　～石

作（一）zuō　～坊　～弄　自～自受

（二）zuò　～业　～风　～曲　～料

二、统读字

A

隘 ài　～口　狭～

嫒 ài　令～

谙 ān　～熟　～练　不～此道

凹 āo　～凸不平　～陷

B

拔 bá	~河　~草　鞋~子
稗 bài	~官野史
褒 bāo	~贬　~扬
匕 bǐ	~首
鄙 bǐ	~视　~人　卑~
庇 bì	~护　包~
愎 bì	刚~自用
裨 bì	~补　~益
蝙 biān	~蝠
砭 biān	针~
濒 bīn	~临　~危
波 bō	~涛　~浪
拨 bō	~款　~弄　~子
捕 bǔ	~获　~猎　~捞　~捉
哺 bǔ	~乳

C

糙 cāo	粗~　毛~
谄 chǎn	~媚
伥 chāng	~鬼　为虎作~
掣 chè	~肘　风驰电~
惩 chéng	~罚　~戒　~前毖后

踟 chí　　～蹰（chú）
侈 chǐ　　～靡　～言　奢～
炽 chì　　～热　～情
憧 chōng　　～憬
崇 chóng　　推～　～拜
刍 chú　　～议
绌 chù　　相形见～
舛 chuǎn　　命运多～
辍 chuò　　～学
忖 cǔn　　～度　自～

D

傣 dǎi　　～族
档 dàng　　～案　～期　～次
玷 diàn　　～污
敦 dūn　　～厚
咄 duō　　～～逼人
掇 duō　　拾～（duo）　撺～（duo）
裰 duō　　补～

F

梵 fàn　　～文　～蒂冈
绯 fēi　　～闻　～红
氛 fēn　　气～　～围

汾 fén　～河　～酒

孵 fū　～化

符 fú　～合　～号

拂 fú　～晓　～袖　～面

副 fù　正～　～业　名不～实

腹 fù　～稿　～腔　～泻　～背受敌

讣 fù　～告

G

冈 gāng　山～　景阳～

亘 gèn　～古

梏 gù　桎～

犷 guǎng　粗～

瑰 guī　～丽　～宝　玫～（gui）

皈 guī　～依

刽 guì　～子手

H

骸 hái　～骨

沆 hàng　～瀣（xiè）一气

訇 hōng　阿～

讧 hòng　内～

囫 hú　～囵吞枣

怙 hù　～恶不悛（quān）

徊 huái　　　徘～

诲 huì　　　教～　～人不倦

J

羁 jī　　　～绊　～押

即 jí　　　立～　～刻　～使

嫉 jí　　　～妒　～恨　～恶如仇

麂 jǐ　　　～皮

戛 jiá　　　～然而止

歼 jiān　　　～灭　～击

菅 jiān　　　草～人命

缄 jiān　　　～默　～口

较 jiào　　　～劲　～量　比～

桔 jié　　　～梗

讦 jié　　　攻～

浸 jìn　　　～泡　～染

茎 jīng　　　阴～　刀～

儆 jǐng　　　以～效尤　杀一～百

灸 jiǔ　　　针～

疚 jiù　　　内～

狙 jū　　　～击

鞠 jū　　　～躬尽瘁

矩 jǔ　　　～形　循规蹈～　规～（ju）

K

揩 kāi	~油
忾 kài	同仇敌~
亢 kàng	高~　~奋　不卑不~
恪 kè	~守

L

琅 láng	~~上口
羸 léi	~弱　~顿
敛 liǎn	~财　收~　~容
瞭 liào	~望
劣 liè	~质　~势
琳 lín	~琅满目
孪 luán	~生
榈 lǘ	棕~
掠 lüè	~夺

M

袂 mèi	联~
虻 méng	群~　牛~
弥 mí	~补　~漫
宓 mì	（姓）

摩 mó	按～
嬷 mó	～～

N

捺 nà	按～不住
讷 nè	木～
拈 niān	～花惹草　～轻怕重
疟 nüè	～疾
虐 nüè	～待　肆～

P

葩 pā	奇～
琶 pá	琵～
乓 pāng	乒～
滂 pāng	～沱
脾 pí	～胃
毗 pí	～邻
匹 pǐ	～夫　～敌
癖 pǐ	～好　怪～
僻 pì	偏～　～静
譬 pì	～如
媲 pì	～美
剽 piāo	～悍　～窃
频 pín	～率　～繁　音～

剖 pōu　　～析　解～

Q

祈 qí　　～求　～祷

绮 qǐ　　～丽

杞 qǐ　　～人忧天

潜 qián　　～伏　～力　～逃　～移默化

掮 qián　　～客

襁 qiǎng　　～褓

跷 qiāo　　高～　蹊～　～～板

怯 qiè　　～懦　胆～

惬 qiè　　～意

挈 qiè　　提纲～领

锲 qiè　　～而不舍

沁 qìn　　～人心脾　～园春

倾 qīng　　～向　～斜　～倒

祛 qū　　～除　～痰　～暑

龋 qǔ　　～齿

R

髯 rán　　美～

荏 rěn　　色厉内～　～苒（rǎn）

濡 rú　　相～以沫　耳～目染

S

僧 sēng	~侣
霎 shà	~时
讪 shàn	搭~　~笑
觞 shāng	滥~
娠 shēn	妊~
谥 shì	~号
舐 shì	~犊情深
狩 shòu	~猎
束 shù	花~　结~
吮 shǔn	~吸
嗣 sì	后~
塑 sù	~造　~料
髓 suǐ	骨~　脊~

T

獭 tǎ	~兔　水~
苔 tái	~藓　青~
剔 tī	~除
殄 tiǎn	暴~天物
佻 tiāo	轻~
迢 tiáo	千里~~
窕 tiǎo	窈~

骰 tóu　　～子

W

违 wéi　　～背　～心　～约　～章

韪 wěi　　不～

毋 wú　　～庸置疑

X

膝 xī　　～盖

袭 xí　　抄～　～击　奇～

狭 xiá　　～长　～窄

黠 xiá　　狡～

弦 xián　　琴～　～乐　心～

涎 xián　　垂～三尺　馋～欲滴

淆 xiáo　　混～　～乱

哮 xiào　　～喘　咆～

撷 xié　　采～　～英

械 xiè　　机～　器～

衅 xìn　　挑～　寻～

炫 xuàn　　～耀

眩 xuàn　　～晕

穴 xué　　～位　洞～

谑 xuè　　戏～

Y

亚 yà	~洲 ~当 ~军
筵 yán	~席 ~宴
揖 yī	作~
漪 yī	涟~
谊 yì	友~ 联~
翌 yì	~日
诣 yì	造~
懿 yì	~德 ~旨
荫 yìn	~庇 ~凉
荧 yíng	~幕 ~屏
莠 yǒu	良~不齐
黝 yǒu	~黑
囿 yòu	园~ ~于
娱 yú	~乐 ~记
伛 yǔ	~偻
跃 yuè	~动 ~进

Z

暂 zàn	~时 ~定
臧 zāng	（姓）
憎 zēng	~恨 爱~分明
绽 zhàn	破~ 皮开肉~

昭 zhāo	~示　~然若揭
辄 zhé	动~
脂 zhī	~肪　~粉
踯 zhí	~躅（zhú）
诌 zhōu	胡~
拙 zhuō	~笔　~劣
卓 zhuó	~越　~绝

下篇

怎样说一口
好听的普通话

第一章 科学用声原理及嗓音保护

一、声音在语言表达中的重要性

声音，声音，声音！

当我们在与他人沟通交流时，当我们在进行商务会谈时，当我们在座谈会上发言时，当我们在向客户介绍、推销产品时，当我们在向大家作报告时，当我们在向领导汇报工作时，当我们站在讲台授课时……总之，当我们在各行各业的工作岗位上，各种生活环境中说话时，如果你能控制自己的声音，为你所用，帮你优美、清晰、动听、富有感染力地表达出你的思想、感情和你想说的话，那不仅是一种非常美妙的感觉，而且会收到令你意想不到的效果。反之，声音沙哑、干涩、发僵、沉闷，不能为你所控，不能帮你随心所欲地表达出自己所想表达的东西，那将是一件多么遗憾的事。

也许有人会说，声音好与不好是天生的，是爸妈给的。对此，我们不完全否认，因为确有这方面的因素。但是，经过学习和科学的训练，即使天生不好的声音条件也能够得到改善和提高，也能够自如、优美、动听，增强说话时的语言表现力。反之，即使先天声音条件再好，如果不会科学地使用和保护，也会使你的声音受到破坏，也无法造就你优美的声音“形象”。不论每个人声音的先天条件有什么不同，我们都可以在自己声音条件的基础上，学习科学的用声和发音方法，扬长避短，逐步改善或进一步提高自己的发声、用声能力，找到自己最佳的声音，用好自己最佳的声音。

二、声音是从哪儿发出的

1. 何谓“嗓子”

人体中，介于咽与气管之间的部分称为喉，它是发声系统中最具代表性的器官。喉头内的声带是人体发声的振动体，是声源，我们的声音就是从这里发出的。我们通常把喉与喉部发出的声音一同叫做“嗓子”。夸人的声音好，就说“这人嗓子真好”，而对声音不好的则称为“破锣嗓子”。

2. 喉部的基本常识

喉由软骨支架、肌肉、韧带和纤维组织膜等构成，上部略呈三角形，下部呈圆形，上接咽部，下连气管。它位于颈的中前部，成年男性在相当于第 5 颈椎平面的高度，成年女性和儿童的稍高。喉是呼吸时气流的必经之处，声带是喉的一部分。两条声带前端相靠，后端呼吸时分开，发声时靠拢。两条声带之间叫声门。

三、声音是怎样发出来的

如果把人的发声系统比作一件乐器，那么喉即是这件乐器中起振动作用的一部分，声带大体相当于乐器的琴弦、簧片。单纯呼吸时，声门由前至后呈等腰三角形打开，所以尽管气流由此通过，但由于没有发声的需要，大脑不发出“指令”，这个时候可以不发出声音。想要发声的时候，大脑发出发声“指令”，“指令”通过神经脉冲“传达”给喉部和呼吸器官。在喉肌的作用下，声

喉解剖图

喉内有声带，因此，也常被称作嗓子。它位于颈的前方，有三个重要功能：保持通往肺的气管的清洁；引导食物进入正确的通道以防止气哽；使人能够说话。会厌软骨是控制通往肺的通道开关。甲状软骨是喉部最突出的软骨，吞咽时我们可以感觉到它。环状软骨使甲状软骨与气管牢固相连。

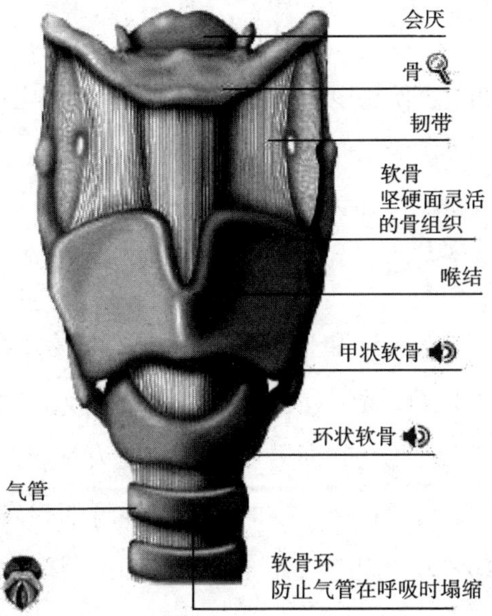

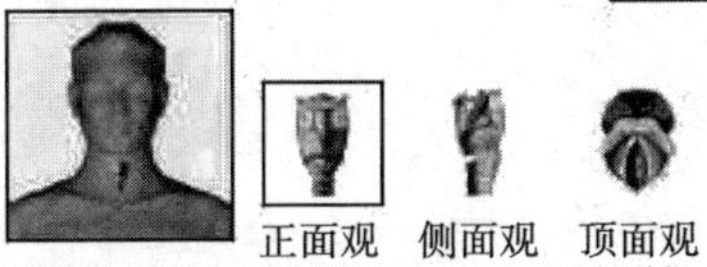

带由半内收位置移到中线处并靠拢、拉紧，声门缩小或完全关闭。同时，储存在肺里的空气在呼气肌群的作用下受到挤压，开始向外输送，沿气管上升的气流在闭合的声门下形成压力，当这个压力大于声带闭合力时，气息便将声带冲开。在声带被冲开的瞬间，声门下的压力迅速下降，同时由于声带自身的弹力与喉肌的作用，声门又回复到原先的闭合状态，声门下的气息压力又再次升高。这样，在气息由下向上的定向输送过程中，声带产生了开→闭→开→闭的周而复始、连续高速的运动，空气产生了疏→密→疏→密的变化，也可称为振荡，声波就此形成，人的声音就是这样发出来的。

由声带振动而形成的声音叫做“喉原音”，它包含有大量泛音，但未经声道作用之前，音量极小。

四、喉的不同发育期对声音的影响

1. 变声

从医学和生理的角度讲，喉的发育在1—3岁时比较显著，而3岁以后到青春期前则比较缓慢，男女之间也没有明显的区别。因此，儿童时期男女的音色较为靠近，发声能力的发展也十分缓慢。到青春期，喉的形态及嗓音明显发生变化，这种现象在医学上称为“变声”，变声所经历的时间称为变声期。据统计，我国男孩一般在12—15岁时开始变声，女孩一般在11—14岁时开始变声。医学上把变声过程分为3期。

变声初期。喉发育开始阶段，刚刚开始感觉喉部不适、嗓音不好用。此时如用喉镜检查，喉黏膜及声带均无明显变化或仅有轻度充血。

变声中期。喉发育旺盛阶段，声音开始嘶哑，气多声少，喉部明显不适。此时如用喉镜检查，可见声带红肿、充血，分泌物增多，声门后端闭合不全。

变声后期。喉发育完成阶段，旺盛期出现的“症状”完全消失，声色渐近稳定。男性声音中的胸声成分明显增加，音色变得结实有力，音域显著降低，较变声前低一个八度，声带明显变长，喉结突出且呈锐角。女性的音色较变声前宽展而柔和，音域约低下 6—7 个半音，声带长度略有增加，甲状软骨增大，前角圆滑。

2.“童声音色”

有相当一部分人，尤其是许多女性在经历了变声过程之后，说话时却仍带有明显的童音音色，也就是说话的声音仍像小孩一样。我们把这种现象叫做“童声音色”。有专家认为，这种情况的发生与人的某些心理因素有关。所以在变声期我们不仅要注意发声器官的器质性变化，还应当注意到人的心理变化，只有人的生理和心理两方面的变化和谐，才能够获得满意的变声结果。对于那些生理和心理变化在变声期未能同步成熟的女性，应该进行一定的心理调节。同时，应该学习一些科学和正确的发声方法。

3.“塌中”

人在更年期以后，并非由于疾患而出现的声音突然变坏的现象，在我国中医理论中称为“塌中”。“塌中”是个十分棘手的问题，一旦出现便无法挽救。衰老是人不可抗拒的生理过程，但并非只要衰老就必然“塌中”。据调查，“塌中”一般都出现在不注意嗓音使用和保护、体质较弱或纵欲过度、嗜烟酒的人身上，而对于平常注意嗓音健康、生活规律、情趣高尚的人来说，则很少出现。

五、常见的几种嗓音病理现象

一个人如果早晨起来常常出现声音发哑的情况，但下午却往往没事了，这种情况多数是嗓子发炎了；如果早晨起来嗓子没有任何问题，但晚上下班后却常常感觉嗓子发哑，这种情况肯定属于声带的疲劳情况。一个人在说话或者念稿子一开始的时候，声音就发哑，但说了一会儿，嗓音的情况有所好转，这种现象多为炎症；而有的人刚开始说话或者念文章时，嗓子挺好的，但说着说着或念着念着就感觉嗓子发哑了，这种情况多为疲劳所致。

现将人们说话时常见的几种嗓音病理现象归纳如下：

（1）高音困难。说话时，如果出现高音困难的情况，多数是因为声带前三分之一处有小结炎症，妨碍了声带的正常闭合。

（2）破音。破音是指说话的时候，如果在发高音或者在念去声字的时候，常常出现声音发劈的情况。这主要是因为气息控制不好，嗓子过于用劲，或者声带上有些黏稠的分泌物，就会出现破音的现象。

（3）说话音不准，唱歌老走调。出现这种情况的原因，一方面是音准差，另一方面是声带闭合肌肉群与声门下气压之间平衡失调。此外，慢性咽喉炎也会造成音不准的情况。

（4）声音嘶哑。这种情况，主要是由于声带闭合不好，发音时声带之间有间隙而造成的，但也有的是声带有慢性炎症，也就是我们常说的咽喉炎。此外，睡眠不好、过度疲劳也会造成声音嘶哑的情况。按照我国中医理论，声音嘶哑与人的肺和肾关系密切，中医认为，肺为声音之门，肾为声音之根。

六、嗓音的保护方法

我们所说的嗓音保护，指的是积极的保护，是在说话和语言表达实践中的保护，而不是在少说话、不说话、沉默寡言、一声不吭中的保护。因此我们除了要避免用声过于追求明亮、追求虚声，防止用声偏高或偏低，以及不适当地长时间加大音量，用声时间过长外，还要养成良好的生活习惯，如保证充足的睡眠，少烟酒，少食生冷油腻、刺激性食物。声带不舒服，不要硬挺着，要及时就医。女性在月经前后应适当尽量减少发声。著名京剧表演艺术家梅兰芳先生用这样几句话概述了对嗓音的保护：

精神愉快，心气平和。

饮食有节，寒暖当心。

起居以时，劳逸均匀。

练嗓保嗓，都贵有恒。

由低升高，量力而行。

五音饱满，唱出剧情。

下面介绍几种保护嗓音的方法：

（1）坚持锻炼身体，科学练声、科学用声、科学发声。

（2）说话时，声音应由小到大，由弱到强，由低到高，循序渐进。特别要避免一开始说话就嗓门过大，这样很容易损伤声带。

（3）注意劳逸结合，要保证充足的睡眠。同时，要学会调节心理，让自己始终处于一种轻松、愉快的状态。

（4）当人生病的时候，特别是发烧、感冒，要少说话，必要的时候，可以暂时噤声。

（5）当人们处于变声期或者女性处于月经期的时候，切记不要大喊大叫。因为，这时候人的鼻、咽、声带充血，特别容易毁嗓子。

（6）尽量少吃刺激性的食物。烟和酒容易使人咽干舌燥，过油食品也容易使人得咽炎。有不少人喜欢吃油饼，经常吃油饼的人易生咽炎。辣椒、芥末，冰棍、雪糕等要尽量少吃。

（7）每天早晚坚持用淡盐水漱口，可帮助消除炎症，保护嗓子。

（8）可适当吃一些中药，如胖大海加冰糖、清音丸、喉症丸、草珊瑚含片等，也可以采用一些食疗的方法，如每天可生吃一些白萝卜，白萝卜润肺、清咽利嗓，营养丰富，而且物美价廉。

七、常见的几种不正确的发声方法及纠正办法

1. 喉音

现象：说话时，声音像闷在了喉咙里面，听起来感觉沉重、生硬，缺乏弹性。

原因：这主要是因为说话时气息短浅、胸部紧张、舌根太用力造成的。

纠正办法

（1）说话时，要放松舌根，下腭不要太使劲，喉咙要保持松弛。

（2）两肩放松，不要压迫喉咙。同时，要注意气息的控制。

（3）用张口吸气或半打哈欠的感觉体会喉咙、舌根、下腭放松的感觉。

（4）要加强唇舌力量的练习。

2. 捏挤

现象：说话时，声音单薄、发扁，声音感觉像从嗓子眼儿里挤出来似的。

原因：女性多出现这个问题。有些女性以说话声音细为美，

靠捏挤喉部来取得。这样的声音泛音少，单薄乏味，听起来也不自然。

纠正办法

（1）改变不正确的呼吸方式，要让声音有气息的支撑，要采用胸腹联合呼吸法使气息不要过浅。

（2）说话时，开口度要适中，不要不抬嘴皮子，特别是要把口腔之中的软腭挺起来，打开牙关，这样喉咙才能打开，后声腔也就能够打开了。

（3）可以着重练习一些开口呼韵母的音节，这样做的主要目的是，可以增加口腔的开度。

3. 鼻音

现象：说话时，鼻音特重，听起来像是得了感冒，从鼻腔中发出的堵塞的声音。

原因：主要是说话时口腔开度不够，软腭无力、下垂，造成部分气流进入了鼻腔，从而失去了部分口腔共鸣。此外，也与很多方言区的人们发音习惯有关系，如西北方言和山西方言鼻音都较重。

纠正办法

（1）关闭鼻腔通路，用半打哈欠的感觉将软腭提起，放松舌根。

（2）用半打哈欠的感觉发 6 个单元音 ɑ、o、e、i、u、ü 的延长音。这6个元音，没有丝毫的鼻音色彩，通过练习这6个单元音的延长音，可以体会气流全部从口腔流出的感觉。需要注意的是，发这6个音时，要把字音的着力位置放在硬腭的前部。

（3）发“吭”（kēng）音练习。抬软腭，关闭鼻咽通道，然后突然打开鼻咽通道，发出“吭”（kēng）音。

4. 闷暗

现象：说话时，声音沉闷、不透亮。

原因：这是由于说话时，口腔肌肉松散无力或牙关打不开，声音在口腔中得不到充分的共鸣造成的。此外，说话时，声音位置靠后也易产生这种情况。

纠正办法

（1）着重练习双唇音b、p、m。这种练习，可以有效地锻炼双唇的力度。在练习的时候，要特别注意，要把力量集中在上唇的中央位置。

（2）要多练一些开口呼韵母，可以增强口腔的开合度。

（3）说话时，在发音部位正确的前提下，要尽可能地把发音位置往前移。

（4）要学会窄音宽发，在不影响字音准确的前提下，口腔的开度可稍微大一些，这样可以增强口腔的共鸣，使声音透亮。

5. 发散

现象：声音单薄，从口腔散出，听起来声音缺乏亮度和力度。

原因：这是由于说话时，口腔前部开得过大，使整个口腔失去了相当一部分共鸣造成的。

纠正办法

（1）加强双唇及舌头力量的练习，要把后声腔打开。

（2）说话时，要对口腔前部进行必要的控制，在碰到开元音 ɑ、ɑi、ɑo 等时，ɑ 音要发得圆一点、小一点。

（3）声音集中练习，可用连续发出 bɑ、dɑ、gɑ 等音节，练习声音的集中。需要注意的是，要结合正确的呼吸方法来发音，音波要通过硬腭前端送出。

6. 喊叫

现象：说起话来像喊叫，声音尖锐、刺耳、粗糙，给人一种缺乏修养，不讲文明的感觉。

原因：有的是为了追求说话时的高音量造成的，有的是说话时，吸气部位太浅，全身紧张造成的，还有的是由于有的人情绪易激动、性格暴躁造成的。

纠正办法

（1）吸气要深一点，呼气的时候要进行控制，全身要放松。

（2）说话时，要尽可能地柔和一些，在加大音量时，不可加强音高。

（3）可用自然的中低声区发 6 个主要元音 ɑ、o、e、i、u、ü 的延长音，发音时，要注意声音尽可能地柔和一些。

（4）加强学习，提高修养，注意心理和情绪的调节，平时可多练一些柔和色彩的诗歌、散文，也可以练习一些柔和色彩的字词。

7. 虚声

现象：说话时声音发虚，给人一种小声小气、矫揉造作的感觉。

原因：主要是由于说话时，声带过于松弛，而且与口腔等共鸣器官配合不好造成的。长期使用这种发声方法，声带的弹性会逐渐减弱，声音音域也会越来越狭窄。

现在有些女孩受一些歌星、艺人的影响，喜欢说话时声音过虚，发嗲，以为这样的声音才能表现女性温和柔美、令人怜爱。其实这样的发音因为说话时声带不闭合，带有大量气音，漏气多、音量小，而且还容易出现吸气杂音，听起来很不自然。

纠正办法

（1）可以多练习一些有益于增加口腔共鸣的字音。

（2）说话时，尽可能让声音明亮、结实。

（3）可以练习一些力度较大的字词或有分量的诗词，如百炼成钢、波澜壮阔、翻江倒海、大好河山、英勇无畏、坚贞不屈、信心百倍、战无不胜等，岳飞的《满江红》也是很好的练习材料。

第二章

富有魅力的声音标准及追求

一、说好汉语普通话需要什么样的声音

我们说话是为了交流沟通、传情达意。我们说话的内容通过自己的声音到达倾听者的耳中，要使人家听起来入心入耳、真实可信，我们的用声就必须朴实、自然。有的人说起话来装腔作势、拿腔拿调或嗲声嗲气都是令人生厌的。如果用矫揉造作的声音与别人说话，就会造成与倾听者之间的距离，使倾听者不愿意听你说话。朴实、自然才能使人产生亲切感，让人愿意听你说下去。但同时我们所说的话语的内容是广泛的，信息量是很大的，而且是不断在变化的，这就对我们说话时的发声提出了一定的要求。为了满足沟通交流、传情达意的需要，我们应该使我们的声音富有活力、色彩丰富、变化自如。

由于每一个人的先天嗓音条件不同，每一个人的声音都有自己的特色和个性。我们应该在自己发声条件的基础上扬长避短，拓展自己的发声能力，找到自己最好的声音，而不应去模仿追求某种自以为美的声音。我们应该追求声音的美，但这种美是应有助于传情达意的美，是有助于沟通交流的美，而不应该离开传情达意、沟通交流，去追求一种所谓的“美声”。

说好汉语普通话，声音应该是这样的：

准确规范，清晰流畅。

圆润集中，朴实明朗。

刚柔并济，虚实结合。

色彩丰富，变化自如。

准确规范，清晰流畅。我们说的是汉语普通话，所以我们的语音必须准确规范。我们在说话时的吐字一定要清晰、准确，但不能“蹦字”，不能把汉字一个字一个字地往外蹦。我们说话时的字音听起来要如潺潺溪水，迂回向前。

圆润集中，朴实明朗。这是在我们说汉语普通话时对声音基本色彩的要求。声音要润泽，不干涩；吐字要颗粒饱满，声音不散，字音不扁。我们说话时的声音不仅要朴实，而且要明朗，使人听起来能够感觉愉快、轻松。

刚柔并济，虚实结合。由于性别和性格不同，男性声音偏刚健，女性声音偏柔美，如果颠倒了就会使人感觉不舒服，但是无论男性还是女性，都不能一味地刚或一味地柔，因为“刚过则直，柔过则糜”。有的人说话时为追求声音的明亮，而过多地采用实声，听起来感觉很笨拙，不能很好地表达细腻的情感；有人追求说话时的柔美，过多地使用气声，听起来让人感觉很假。所以我们的用声追求是：刚柔并济，虚实结合。

色彩丰富，变化自如。声音色彩是我们随着说话内容的发展而运动变化着的情感的外衣。声音色彩犹如画家的调色板，越丰富细致就越能传情达意，越有表现力和感染力。感情色彩的变化是无穷的，所以我们声音色彩的变化也是无穷的。

二、声音的科学训练

1. 声音的特性

（1）音高。

音高是指声音的高低。它主要取决于发声体的振动频率，也就是每秒钟振动的次数。单位时间内振动次数多，频率高，声音就高；振动次数少，频率低，声音就低。频率的单位叫赫兹，通常写作 Hz，简称赫（广播发射频率单位千赫、兆赫即由此而生）。人能听到的声音范围从 16 赫兹一直延伸到 20000 赫兹。频率高于此范围的叫超声波，低于此范围的叫次声波。男士的声带较厚而长，平均长度为 20—22 毫米，频率为 60—200 赫兹，所以说话声音较低；女士的声带较薄而短，平均长度为 15—19 毫米，频率为 150—300 赫兹，所以说话声音较高；儿童的声带没有完全发育，频率为 200—350 赫兹，说话声音最高。

每个人的发音器官都有自己的特点，每个人的音域也有所不同。一般人的音域范围均为一个半到两个八度，这个音域范围就叫做自然音域。汉语是声调语言，每个字音都有其固有的升降曲直的音高变化形式。在语言表达中，每个句子还有语调的音高变化，所以我们还要注意和处理好字调与语调的关系。一般来说，字调的音高变化幅度要符合语调升降的要求，句子重音的声调跨度可以大一些，其他非重音部分的声调跨度则可以小一些。

（2）音强。

音强是指声音的强弱。一定频率声波的强度依赖于它的振幅，振幅越大，声音越强；振幅越小，声音越弱。振幅的大小是由发音体振动的外力大小决定的。比如敲鼓，鼓手用力大，振幅大，鼓声就强；鼓手用力小，振幅小，鼓声就弱。强度级的使用单位是分贝，用 dB 表示。人们从大声呼喊到正常说话到低声静气地说话，其强度范围可以从 85 分贝到 65 分贝到 45 分贝。耳语时平均强度还要降低 20 分贝左右。即使我们在正常说话，强度也是有变化的。一般来说，话语中音节的元音比辅音强度高，宽元音比窄元音的振幅大得多。

由于科学技术的进步，运用现代化的传声设备早已不仅仅是播音员、主持人、影视演员的专利，我们在各行各业从事各种工作的人们也越来越多地遇到运用现代化的传声设备来发言、演讲、作报告、进行座谈交流等情况。当我们面对话筒说话时，话筒与嘴的距离要控制在一尺左右，不要太近，也不要太远。同时，音量的变化幅度不能太大，音量的变化幅度太大就会影响声音的清晰度。特别要尽量避免猛然加大说话时的音量，猛然加大音量，话筒会爆出强烈的噪音。声音也不要忽然变小，声音忽然变小，会使听者听起来费劲，很难听清楚。在词汇上的强弱变化要与音节长短变化相结合，而不是一味地加大音量或是减轻音量。

（3）音色。

音色是指声音的独特品质、声音个性。在人们的说话声中，音色包含两方面的含义。一是区别不同的音素（音位），如 ɑ 与 i 具有不同的音色；二是指不同的声音色彩，如因发音器官构造不同而形成的每个人的不同音色。

人们在说话时要学会发出虚实结合的柔和圆润的声音，还要学会变化声音色彩以适应不同说话内容、说话对象、说话环境的要求。男性的声音不宜太刚，女性的声音不宜太柔，要刚柔并济，虚实结合。

（4）音长。

音长即声音的时值。它取决于发音体振动的持续时间。在人们的说话声中，音长通常指音节的长短。音长的变化直接影响言语的速度，并且是组成言语节奏的重要因素。现代汉语普通话每个音节的音长一般为 0.2—0.4 秒。

从声音特性的角度看，音色与音长、音强等特性的组合，在听觉上形成辅音和元音；音高与音长、音强等特性的组合，在听觉上形成声调和语调；而音色、音高、音长、音强的组合，在听觉上则形成语气与节奏。

人们在说话时，工作用语和商务用语的语言速度一般会比生活用语略慢一些，音节的长度会长一些。但加长的部分不要平均分配在每个音节上，而应重点表现在语句重音和重点语句上。

2. 嗓音训练

我们已经知道，由声带振动所形成的原始声音，即喉原音与最终说出的话，也就是与有声语言之间存在着类似原材料和制成品的关系。喉原音的质量好坏直接影响着发声的最终效果。为使我们的嗓音达到纯净、持久、丰满和富于变化的效果，需要在喉部放松的状态下，对嗓音进行科学的训练。

（1）人在说话时喉部为什么要放松。

我们在说话，也就是在发音的时候，两声带不是紧密闭合，而是轻松靠拢的，即喉部是放松的。喉部放松，是我们在正常说话时的基本状态。喉部放松，声带才能自如地振动，发出泛音丰富的悦耳的声音。如果喉部用力，两声带紧紧闭合，发出的声音就比较硬，声带也容易疲劳。也就是说，当我们说话时，喉部越用力，发出的声音也就越暗涩、难听。

（2）怎样才能使喉部放松。

①用吸气的状态发音。

我们可以用这样的方法来使我们的喉部学会放松。张嘴吸气，此时两条声带是轻松张开的，喉部有上下松开的感觉，要尽量保持这种状态来说话发音。这样的状态可以使两条声带不是紧紧闭合，而是轻松靠拢。用这样的方法发出的声音不仅喉部不紧张、挤压，而且能够长时间地发出圆润的声音而不感觉疲劳，音色比较丰满、柔和，声音通畅、变化自如、富于弹性、亲切自然。

②气泡音。

声门闭合，气流从中均匀通过，发出一连串的气泡似的声音。此时，两条声带相互靠拢，声音明亮。气泡音可用于发声前的准备活动和发声后的嗓音恢复。

（3）扩展音高音域的训练。

①螺旋式上绕、下绕练习。

用“ɑ”或“i”音，从说话的自然音高中的某一个音开始，持续发音，逐渐“环形上绕”，即向高音扩展，而后再由刚才达到的、力所能及的高音逐渐“环形下绕”，周而复始，循序渐进。

②阶梯式升高、降低练习。

首先可用单一元音或单一音节，从说话的自然音高中的某一个音开始，一次次地接连发音，一个音阶、一个音阶地逐次升高或降低。练习时要注意分辨说和唱的区别，避免发出唱声。之后可发展到语句练习。

（4）扩展音量变化能力的训练。

扩展音量变化能力可采用这个方法：设想不同的听众人数，设想不同的交流距离，采用不同的说话方式进行训练。

（5）声音色彩对比变化的训练。

人们的日常用声，多在自然音域内。发音时，当声门紧密闭合，声带振动发出的是乐音性质的明亮实声；当声门轻松闭合或半闭合，声带振动的乐音成分为主，也带有部分气流摩擦音，发出的便是柔和的虚实声；声门开度略大，声带振动的乐音成分小于气流摩擦音，称作虚声；发音时声带不振动，完全是气流摩擦音，这是耳语时的发音状态，也称作气声。至于假声，多为歌唱演员和京剧中的小生、青衣、花旦所用，这里不多做介绍。

我们说话想要表达的内容和思想感情是丰富多彩、千变万化的，我们说话时的声音也应该有与之相适应的色彩变化。声音色彩变化最主要的表现为虚实变化。丰富的虚实变化与多层次的音高、音量、音长的变化配合，便形成了多姿多彩的声音样式。

多姿多彩、虚实变化的音色可以通过以下方法获得：

第一步：在音高、音量比较自然和“宽窄”适度的情况下，发出实声的“ɑ”或“i”的长音。

第二步：基本状态不变，只稍稍放松气力，在带有少许“回音”感的情况下，再次发音。此时，便是“以实为主，虚实结合，多姿多彩”的基本音色。

在取得基本音色的确定印象之后，再进行多层次虚实对比变化练习。

① 单元音对比，如：

ɑ（实）→ɑ（虚）　　ɑ（虚）→ɑ（实）

i（实）→i（虚）　　i（虚）→i（实）

②词语对比，如：

大海（实）→大海（虚）　　大海（虚）→大海（实）

高山（实）→高山（虚）　　高山（虚）→高山（实）

③古诗词对比练习，如：

月落　　乌啼　　霜　　满天，

（实）→（虚）→（实）→（虚）

江枫　　渔火　　对　　愁眠。

（虚）→（实）→（虚）→（实）

姑苏　　城外　　寒　　山寺，

（实）→（虚）→（虚）→（实）

夜半　　钟声　　到　　客船。

（虚）→（实）→（虚）→（实）

三、美化你的声音

我们每一个人的嗓音条件具有很大的先天遗传成分，这也就是为什么有人说话好听，有人说话不好听的部分原因。发音器官是父母给的，是天生的，我们无法改变，但是，如果我们掌握了美化声音的方法，经过科学的训练，那么我们的声音也是可以改善的。而学会使用共鸣，调节共鸣，便是我们能够美化自己声音的一种重要的方法。

1. 共鸣器官

我们的共鸣器官主要是指喉腔、咽腔、口腔、鼻腔、头腔和胸腔。

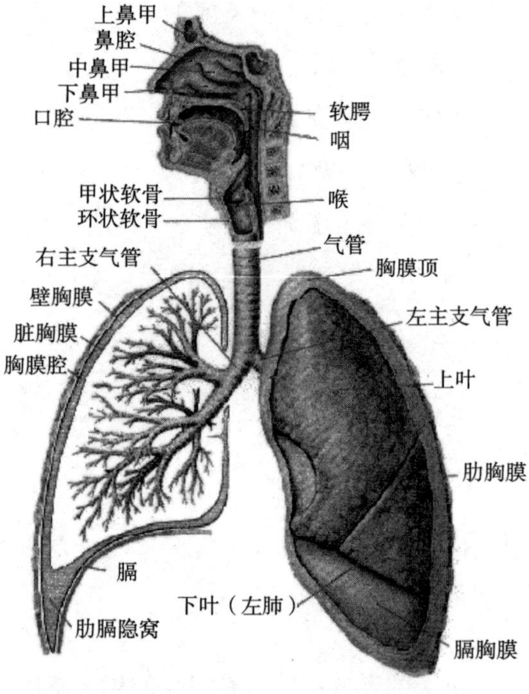

共鸣器官图

（1）喉腔。

喉腔是指位于声带与假声带之间的喉室和位于假声带之上的喉前庭。喉腔容积虽小，但却是喉原音发出后经过的第一个共鸣腔。

（2）咽腔。

咽腔也叫咽管，是个前后稍扁的漏斗状肌管。咽腔容积比喉腔大了许多，管子较长，后咽壁附于脊椎，上起颅底，下连食道；

前咽壁分别与鼻腔、口腔和喉腔相通。

（3）口腔。

口腔是构造最复杂，动作最灵活的腔体，既能上下开合，又能因舌形的变化而使口腔的形状发生变化。口腔的前面有两道可开闭的门户，即上下齿和上下唇；口腔的里面有硬腭和舌头；在口腔的后上方，又有软腭这扇可以上下开合的“门”。

（4）鼻腔。

鼻腔由鼻中隔分为左右对称的两部分，底部是硬腭，外面是鼻甲。鼻腔前方由鼻孔与外界相通，是除口腔以外，呼吸的另一条通道。

（5）头腔。

在鼻梁顶端、眉心后面，向脑后延伸着一个空腔，位于上口盖和鼻腔之间，仿佛像一个“倒悬”的瓶子，这就是我们在发声时获取头腔共鸣的主要腔体。

（6）胸腔。

简单地说，我们可以把胸腔看做是由肋骨支撑的胸廓。胸腔的容积在所有共鸣腔体中是最大的，正是由于胸腔的容积大，所以，胸腔对低频声波的共鸣作用非常明显。

2. 各个共鸣器官的作用

（1）喉腔。

声带振动发出的喉原音，首先经过的就是喉腔。喉腔也是声音的第一个共鸣腔体。如果我们在说话的时候太使劲，就会使喉腔受到挤压，原始的共鸣就得不到充分的发挥，就会使声音“发横”，从而会影响整个的发音质量。

（2）咽腔。

咽腔是声音必经的共鸣腔体。咽腔对扩大和美化声音起着重要的作用，要使咽腔的共鸣作用充分发挥，咽腔的管道必须是通畅的，因此咽腔的后壁要直，不能弯曲。我们说话的时候应该挺胸抬头，挺直身板。因为，挺直身板可以带动咽腔后壁的直挺，有利于声音的扩大和美化。

（3）口腔。

口腔共鸣对于我们说话和声音的美化极其重要。口腔如果不能正常活动，就不可能说话，也不可能发出优美动听的声音。口腔的前部和上壁是由上齿龈、硬腭、软腭构成的，口腔的硬腭和上齿龈的中部地区是我们说话时口腔感觉最主要的地区，这个地区对声波的折射不仅使得声音更加集中，而且会增加声音的明亮色彩。口腔共鸣能够使我们说话的声音明亮结实、字音圆润清晰。需要说明的是，口腔共鸣是在我们说话的过程当中进行的，它不能够脱离说话而单独存在。口腔共鸣强调要打开牙关、提起颧肌、挺起软腭、放松下巴，简称“打提挺松”。同时强调各咬字器官的力量集中，尤其是唇、舌力量的集中。

（4）鼻腔。

鼻腔也是我们说话时的一个共鸣腔体。鼻腔的共鸣作用通过以下几种方式实现：

① 在发鼻辅音时，口腔通道被阻断，软腭下垂，声音完全通过鼻腔透出。

② 当我们在正常说话的时候，软腭要上提，但不必完全阻塞鼻腔通道。可以让大部分的声音经过口腔，而小部分的声音则沿着后咽壁传到鼻腔，产生微量的鼻腔共鸣。这种带有微量的鼻腔共鸣，能够使声音柔和而有光彩。

（5）头腔。

头腔相对于其他共鸣腔体来说，因空间体积较小，它不仅易于形成共鸣，而且这种共鸣会传得很远，共鸣效果明亮、集中、结实、富有穿透力。

（6）胸腔。

说话的时候，如果把手放在胸前，多少都会感觉到胸部在振动。声音越低，振动感就会越明显。当然，男士会比女士的感觉更强一些。胸腔共鸣对语音没有影响，但是，却能够使我们说话的声音听起来浑厚而有力。

3. 说话时的共鸣追求

（1）声音的美化是在保证字音清晰前提下的美化。

① 以口腔共鸣为主。因为不同的字音都是在口腔内形成的，只有把说话时的吐字和口腔共鸣相结合，才能够保证字音的清晰。

② 共鸣要适当。共鸣固然很重要，但不是说共鸣越多、越强就越好。如果共鸣过多过强了，说话时就会产生“音包字”的现象，会影响字音的清晰。

（2）声音的美化应建立在自然、大方的基础上。

① 学会灵活运用各种共鸣的比重。我们要根据说话的对象、说话的内容、说话的场合灵活运用不同的共鸣方式。比如，我们同一个人说话和同一群人说话；我们是在说一件轻松、愉快的事情，还是在说一件严肃、郑重的事情；我们是在跟家里人说话，还是跟同事、朋友在说话；我们是在向领导汇报工作，还是在向下属布置任务，我们对共鸣的运用都是不同的。但无论共鸣的方式千变万化，自然、大方都是我们运用共鸣的基础，不论面对何人，说何种话都不能有任何的矫揉造作。

② 要学会善于运用胸腔共鸣。胸腔共鸣具有浑厚、结实、有力的特点。在日常说话时，我们的声音大多是有胸声色彩的。这一点，对男士尤其重要。男士说话，声音如果缺乏胸声色彩就显得轻飘，缺乏分量。

③ 有一点微量的鼻腔共鸣。在说话的时候，如果略带一点鼻腔共鸣，不仅会使我们的声音柔和，富有光彩，而且说话会省劲。

④ 头腔共鸣往往是我们容易忽略的，因为我们在平时说话时很少用到，但是在我们进行演讲、辩论或朗诵时，头腔共鸣会发挥重要作用。

4. 运用共鸣时常出现的问题

（1）喉腔。

当喉头在一定幅度内降低时，声道就会变长，这样会有利于低泛音的共鸣；升高时，声道变短，会有利于高泛音的共鸣。有些初学者，为了加强喉腔的共鸣，便有意识地在说话时让喉头过多的上下活动，这样做，很容易使喉部肌肉疲劳，不仅消耗了大量的喉部肌肉能量，而且对喉腔本身也是有害的。所以，在我们说话的时候，喉部基本上要保持稳定，不要上下乱动。

（2）咽腔。

挺胸抬头、挺直腰板会有利于发挥咽腔的共鸣作用，但是，不能故意去挺胸，头也不宜抬得过高。相反，下巴还要适当降低一些，胸部也要放松一些，同时吸气也不要过满，因为气吸得过多时，往往容易造成胸廓的僵硬，会使声音有一种太闷的感觉。

（3）口腔。

有的人为了得到更多的口腔共鸣，说话的时候咬着槽牙、僵硬着下颌，这种状态是不正确的。正确的方法是，说话时，应当适当地打开后槽牙，使上下槽牙之间有一定的距离，当我们在嚼口香糖的时候，会感受到这个距离。同时，下颌活动要灵活，绝不要咬着牙关去发音，因为只有这样才能够增大口腔的共鸣腔体，取得较丰富的口腔共鸣。

（4）鼻腔。

我们说过，微量的鼻腔共鸣会使我们的声音柔和并富有光彩，但是，鼻腔共鸣色彩一定不能多，多了就会出现“囔鼻音”。

（5）头腔。

由于头腔共鸣与鼻腔共鸣关系密切，不少人在练习时，往往把两者相混淆，使头腔共鸣带有更多的鼻腔共鸣色彩。

（6）胸腔。

胸腔共鸣能使声音浑厚、结实、有力，但是，胸腔共鸣的运用也要适度。胸腔共鸣过多会使声音沉闷，而且还会影响字音的清晰度。

5. 美化声音的共鸣训练法

练习中要注意掌握发音共鸣的总体感觉：气息下沉，两肋扩张，喉部放松，胸部不僵，声音像一条弹性带，从小腹拉出垂直向上，经口咽部向前，沿上腭中线前行，“挂”于硬腭前部，透出口外，声音通透。

（1）口腔共鸣训练。

双唇用喷法，舌尖用弹法。发音时，要有意识集中一点发，向子弹一样从嘴里喷射出来，击中一个目标。注意，此时鼻腔要关闭。

①单元音练习。用中音区的音高发6个单元音：ɑ、o、e、i、u、ü的延长音，体会口腔共鸣的声音色彩。

② 唇齿贴近，提高声音明亮度。发音时有翘唇习惯的人，音色大多较暗而且浑浊。可以用收紧双唇，使其贴近上下齿的方式来改善共鸣。发含有 i、u、ü 的音，体会唇齿相依。

③ 嘴角略微上抬，消除消极音色。有的人发音时习惯于嘴角下垂，不积极，可以用“提颧肌”的方法，使嘴角略微上抬，使声音色彩欢快、积极、明朗。

④ 改善 ü、u、o 的音色。许多人在发带有 ü、u、o 音的字词时，嘴唇突起过长，使音色过暗、沉闷。可以练习将唇齿靠近，减少突起，使音色得到改善。

（2）鼻腔共鸣训练。

① 可用辅音 m、n 开头的音体会鼻腔共鸣。

妈妈（mā ma）	买卖（mǎi mài）
茂密（mào mì）	密谋（mì móu）
秘密（mì mì）	泯灭（mǐn miè）
满门（mǎn mén）	弥漫（mí màn）
渺茫（miǎo máng）	命名（mìng míng）
蒙昧（méng mèi）	米面（mǐ miàn）
奶奶（nǎi nai）	牛年（niú nián）
拿捏（ná nie）	农奴（nóng nú）
女奴（nǚ nú）	袅娜（niǎo nuó）
恼怒（nǎo nù）	泥泞（ní nìng）
奶娘（nǎi niáng）	南宁（nán níng）
能耐（néng nai）	男女（nán nǚ）

② 减少鼻音色彩。

用手捏住鼻子，用下列音来检查是否鼻音过重。如果鼻腔从元音开始就振动，表明鼻音过重，应减少鼻音。方法是发音时，软腭不可下降过多。

渊源（yuān yuán）　　湘江（xiāng jiāng）

间断（jiān duàn）　　黄昏（huáng hūn）

光芒（guāng máng）　　牵强（qiān qiáng）

中堂（zhōng táng）　　中央（zhōng yāng）

荒凉（huāng liáng）　　宽广（kuān guǎng）

（3）头腔共鸣训练。

① 从生理构造看，头骨里空的窦穴与鼻腔相通，这些窦穴口能够张开或闭合。窦穴口张开时，窦穴里的空气便与鼻腔里的空气相通。在我们发声时，只要使窦穴口张开，鼻腔里的共鸣音响便可以通过空气传导作用引起窦穴的小空腔产生出高音频“泛音”音色。我们可以先使声音在鼻腔共鸣，然后用一种吸气的方式使声音向后向上扩张，使头腔内有一种充满声音或声音膨胀的感觉，即“打开头腔”的感觉。

② 我们可以用哼鸣音来找到头腔共鸣。哼鸣音是用鼻子轻哼而产生的声音形象，类似于病人用鼻子呻吟的声音。在练习哼鸣音时，气息力度一定要“轻”，口、咽腔一定要“松”，鼻腔最好不用力。在这种状态下形成的声音，感觉上是产生于头部的眉心部位。

（4）胸腔共鸣训练。

胸腔的空间及共鸣作用都很大，发出的声音既有深度，也有宽度。声音听起来浑厚、有力，会使听者感觉庄重、深沉、真实、可信。

①hα 音练习。

用较低的声音发 hα 音，声音不要过亮，这时的声音是深厚的，感觉是从胸腔发出的。

②α 音练习。

用含有 α 音的词来训练和体会。α 开口度大，易于产生胸腔共鸣。

暗淡（àn dàn）　反叛（fǎn pàn）　散漫（sǎn màn）
告白（gào bái）　海港（hǎi gǎng）　达到（dá dào）

四、声音应该具有弹性

我们在沟通交流和传情达意时，我们的思想，我们的情感，我们说话的内容，我们交流的对象，我们沟通交际的场合都是在变化着的。这种变化，就要求我们的声音也不能是一成不变的，即使你拥有了非常好听的声音，也是应该变化的。这种声音的变化，是可以通过对声音的控制和调节来实现的。这种声音的变化，也可以称为声音的弹性。

“弹性”这个词来自于物理学。在物理学中，一个物体只有具有了柔韧性才可能有弹性，如果一个物体没有柔韧性而只是硬邦邦的，就很难具有弹性。比如，钢铁是硬邦邦的，就缺乏弹性，而橡皮则是柔韧的，就富有弹性。我们的声音也是如此，要使我们的声音具有弹性，我们就必须训练声音的柔韧性和可变性。一般来说，我们需要训练声音的高与低、强与弱、实与虚、快与慢、松与紧的变化。

1. 高与低的变化

高与低的变化主要表现为声音的音高变化。它主要与人在说话时的感情变化、情绪变化、兴趣变化有关。如积极的感情色彩：激动、紧张、喜悦、亢奋等，声音就是升高趋势；而消极的感情色彩：安静、思考、悲伤、痛苦、忧愁等，声音则倾向低沉。高与低的变化主要包括有层次的高低变化和明显对比的高低变化。例如：

（1）有层次的高低变化。

（高）床前明月光，（次高）疑是地上霜。（次低）举头望明月，（低）低头思故乡。

（低）它轻轻扇动翅膀飞起来，（高）越飞越高，（更高）越飞越高。

（2）明显对比的高低变化。

（高）对面是高耸入云的大山，（低）脚下是波涛汹涌的急流。

（高）孩子们有的在跑，（低）有的在休息。

2. 强与弱的变化

强与弱的变化主要表现为声音的音量变化。坚定、有力、激昂的感情色彩常表现出较强的音量；而软弱、无力、消沉的感情色彩常表现出较弱的音量。一般来说，强往往与高音和明亮的音色相联系，而弱往往与低沉和暗淡的音色相联系。例如：

他的心怦怦地跳着。（“怦怦”较强）

（弱）他暗自下定决心，（强）我决不能那样做！

（弱）第一锤打下来，他的双手感到有些震动。（增强）

第二锤，震得他虎口发麻。（强）第三锤打下来，他整个身子都弹了起来。

3. 实与虚的变化

实与虚的变化主要表现为声音音色的明暗变化。实声声音响亮扎实，虚声声音柔和，常伴有呼气声。例如：

（1）实声。

那是力争上游的一种树，笔直的干，笔直的枝。它的干通常是丈把高，像加过人工似的，一丈以内，绝无旁枝。它所有的桠枝一律向上，而且紧紧靠拢，也像加过人工似的，成为一束，绝不旁逸斜出。它的宽大的叶子也是片片向上，几乎没有斜生的，更不用说倒垂了。它的皮光滑而有银色的晕圈，微微泛出淡青色。这是虽在北方风雪的压迫下却保持着倔强挺立的一种树。哪怕只有碗那样粗细，它却努力向上发展，高到丈许、两丈，参天耸立，不折不挠，对抗着西北风。这就是白杨树，西北极普通的一种树，然而绝不是平凡的树！（茅盾《白杨礼赞》）

（2）虚声。

像柳絮，像飞碟，情绵绵，意切切。我爱这人间最美的花朵，白雪飘飘，飘飘白雪。

4. 快与慢的变化

快与慢的变化主要指发音的速度变化。发音的速度变化可以形成声音的节奏。节奏之中常包含有多种声音要素的变化，如强弱、高低，但速度变化引起的节奏最容易感觉。发音速度缓慢给人松弛、平和之感，发音速度快则使人感到匆忙、紧张。

（1）不同语句的快慢变化。

（慢）他慢慢站起来，轻轻掸了掸身上的土，缓缓朝村边的树林走去。

（快）他赶紧躲向路边，但飞驰而过的汽车还是溅起无数泥点打在他身上。

（2）一段话中不同语句的快慢变化。

（慢）一望无边的草原上，只有羊群在静静地吃着草。（渐快）突然，天边出现一团乌云。紧接着，雷声大作，雨点劈里啪啦地掉了下来。

（快）他匆匆跑上楼，用力拉开房门，（渐慢）只见孩子正在床上甜睡着，他一颗心才算落了地。

5. 松与紧的变化

松弛的发音使人感觉舒服、随意，紧凑的发音使人感觉正式、严肃。例如：

（松）咱们随便聊聊。

（松）吃了吗？

（松）近日还好吗？

（紧）现在开始开会。

（紧）我现在就自己近日工作的进展情况向您汇报。

以上各种声音变化都是单一声音要素的对比变化，也是最基本的声音弹性变化，它在我们说话的句子上表现较为明显。在我们表达复杂语句时，声音还有刚与柔、纵与收、厚与薄、明与暗等变化。但由于我们说话时的语句结构较为简单，不常用复杂语句的表现形式，所以在这里我们就不一一详述了。

第三章

气动则声发

美国广播公司（NBC）在转播 2008 年北京奥运会开幕式太极拳表演时，曾说到中国哲学的一项重要理念是“气”生万物。这一理念正确与否我们暂不去探究，但自古以来，中国人就认为，无论是自然界的山与水，还是人本身都与“气”有着密切的关系。实际上，我们说话时呼出的气息就是发声的动力，声音的强弱、高低、长短，甚至共鸣都与呼出气息的速度、流量、压力、大小有直接的关系。气流的变化，关系到声音的响亮度，声音的清晰度，音色的优美圆润，嗓音的持久和耐力。早在中国古代，有人在研究和总结唱歌的方法时就注意到了气息的作用。唐代的段安节在《乐府杂录》中说:“善歌者，必先调其气，氤氲自脐间出……既得其术，即可至遏云响谷之妙也。”这段话的意思是说，会唱歌的人，首先要学会运用气息，气息要从丹田发出……如果谁掌握了这种方法，那么，谁的声音将会具有极强的感染力。

唱歌需要学会调整气息、运用气息，说话也是如此。我们只有学会运用和控制气息，才能够运用和掌握好自己的声音。

一、说话对气息的要求

我们除了日常简单聊天以外，无论是当众讲演，还是进行商务谈判；无论是做工作汇报，还是在高谈阔论，阐述你对一个问题的观点和看法时，都需要较为充足、较为稳定的气息做支撑。而且，要根据说话的需要及时换气和补气，随时对气息进行控制和调整。一般来说，在较为正式的场合，我们在说较长一段话时，需要具备以下几种运用气息、控制气息的能力。

1. 需要有比较持久的气息控制能力

当我们在作工作汇报、进行商务谈判、演讲或阐述对一个问题的观点和看法时，我们可能需要说几分钟、几十分钟，甚至更长的时间，而且这种说话还不是小声地耳语，它需要有一定的声音力度和气势，要求声音从始至终都保持一定的力度，不衰不减，从容不迫，这就要求我们对气息要有比较持久的控制能力。我们如果不具备这种能力，就会造成开始说话时还比较从容、有力，但越说声音越弱，越说气越不足，甚至会出现说到最后声嘶力竭的情况。

2. 需要保持较为稳定的气息压力

我们在日常聊天时，往往是一开始气总是呼出得比较多，但到后边就越来越弱下来了。可是在较为正式的场合，这样说话、用气就不行了。我们在较为正式的场合说话，应该根据说话的内容和时间的长短来调整气息压力，做到需要强时则强，需要弱时则弱，并且始终能够保持较为稳定的气息压力，而绝不能气息忽强忽弱、声音忽高忽低。

3. 要学会把气息呼的时间拉长并根据需要及时换气和补气

日常的说话闲聊大多句子结构简单，语句也比较短，间歇很多，自然的气息呼吸运用就足够了。但是在较为正式的场合说话、念文件和文章时，日常的气息运用就不能够满足需要。因为要想把每句话说得完整而有层次，就需要按照句子的结构来用气，而不能因为气息不够，停下来吸气，破坏语句的完整性。这就需要我们训练呼气的持久性，并且要学会在说或念比较长的语句的时候换气、补气的技巧。

4. 要学会说话时无声的吸气

随着科学技术的发展和普及，使用麦克风说话早已不是播音员和主持人的专利。许多人都有着面对麦克风说话的经历，这就需要我们要学会无声吸气的技巧。因为说话时，麦克风离我们的嘴都比较近，而麦克风的灵敏度又比较高，如果吸气时有杂音，就会使听者产生厌烦的情绪，而且会给听者造成说话的人缺乏文明、缺乏修养、不拘小节的印象。

二、我们的呼吸器官

我们的呼吸器官主要由肺、胸腔和横膈膜三部分组成。肺分左右两侧，横膈膜在肺的下面，横膈膜以上便是胸腔，横膈膜以下是腹腔。

1. 肺

肺是由含有许多弹性纤维的上皮组织组成的。肺的里面都是空的肺泡，形状就像海绵一样。肺的上端是气管，和口鼻腔连接。吸气的时候肺的容积增大，肺里的气压低于大气的压力，空气就通过口鼻、气管吸入肺里。当呼气的时候，肺的容积缩小，肺里的气压高于大气的压力，气息就从肺里呼出体外，这被呼出体外的气息就是我们说话发声的动力。

2. 胸腔

胸腔的外面是胸廓，胸腔的下面是横膈膜。胸廓就像是一个笼子，胸廓后面的中间立着脊柱，前面的中间是较短的胸骨，从脊柱两侧伸出 12 对弓状的肋骨弯至胸前。吸气时，肋骨向上、向外扩张，使胸腔增大。呼气时，肋骨回到原位，胸腔缩小。

3. 横膈膜

横膈膜位于肺的下面，是一层富有弹性的膜状肌肉。横膈膜把胸腔和腹腔隔开。吸气时，横膈膜收缩、下降，使胸腔上下扩张。呼气时，横膈膜放松、上升并恢复常态，胸腔也随之上下缩小。横膈膜的上下移动，对于呼吸量的增加有着重要的作用。

三、我们需要掌握什么样的呼吸方法

日常聊天时，我们不需要掌握特别的呼吸方式，用我们平常的、自然的呼吸方式就可以了。但如果我们要在大众面前讲话，在较为正式的场合讲话，就必须学会有控制的胸腹联合呼吸法。胸腹联合呼吸法要求：吸气时，口鼻同时进气，把气深吸进肺的底部；横膈膜要下降，两肋同时要向外扩张，这个时候，我们会感觉到腰部会发胀，腰带会被绷得很紧，但是小腹不能往外挺，而应是逐渐收缩的状态。呼气时，小腹要保持收缩的状态，以维持两肋的扩张。随着说话的进行过程让气息缓缓地呼出，小腹才能逐渐放松，但仍应保持收住的感觉。

在我国传统的声乐发声训练中，小腹被称为“气根”，也就是我们经常听到的“丹田气”，古人把脐下三指处称作丹田。

总的来说，胸腹联合呼吸的突出特点是：气下沉，两肋开，小腹收。在学习胸腹联合呼吸方法时，常出现的问题是，有些初学者在吸气时，为了让小腹收住，而有意识地使腹部瘪缩，这样的方法是错误的，因为这样做会把腹腔内的器官挤到腹部的上面，从而阻碍了横膈膜的下降，不仅没有把气息沉下来，反而使气息吸到了上胸部。检验这种错误的方法是，如果你发现吸气时，两个肩在上耸，这就表明气没有沉下去，被吸到上胸去了。

掌握了胸腹联合呼吸法的优点是：这种方法不仅能使我们说话的声音圆润、明朗，刚柔并济，而且十分有利于喉部的健康。

学会换气和补气。在我们说较长一段话或念较长的一段句子时，我们要学会及时地换气和补气，让气息始终处于比较饱满的状态。换气和补气的技巧是这样的：在吸气的时候，由于小腹收，两肋开，就使胸廓处于适度扩张的状态，这时的胸廓就像一个打满了气的、但有出口的皮球，随着气息的呼出，小腹和两肋逐渐地松下来，当需要补气和换气时，小腹一收，两肋同时张开，气息便自动经过口鼻而得到补充。

四、气息的训练

胸腹联合呼吸法与我们日常闲聊时呼、吸气的状态是不同的，这就要求我们要经过科学的训练，建立起新的呼、吸气的习惯。在刚开始训练的时候，我们可能会感到上身紧张，两肋发酸，没有关系，这是由于我们的呼吸器官由日常的、较为松懈的、缓慢的一松一紧，变为积极的持续紧张而造成的。经过一个阶段的练习，这些不适就会消失。

1. 呼吸肌的训练

呼吸肌的力量和灵活程度是使呼吸达到新的状态要求的物质条件。在呼吸肌的训练中，日常生活中得不到充分运动的肌肉，像腹肌、横膈膜应列为训练的重点。

（1）腹肌的训练。

① 腹肌爆发力的训练。仰卧起坐：仰卧，将双手放在头下，上半身抬起。要求不停歇，每天连续做 30 到 50 个。

团身起坐：仰卧，把双手交叉于胸前，双脚收回，膝弯曲至 90 度，骨盆前倾，使腰底部平贴于地面，保持骨盆前倾姿势，5 秒钟以后慢慢团身向上抬起，直至肩胛骨离开地面，再稍稍抬高一些，此时呼气，不要完全坐起来。保持此姿势 5 秒钟，然后在 5 秒钟内缓慢躺下，恢复预备姿势，同时吸气。注意腹肌用力收缩时呼气，腹肌放松时吸气。每次做 5 遍，每天做 3 次。

② 腹肌弹性的训练。用腹肌爆发弹力将气集中成束，送到口腔前部，口腔舌位可以用以下 3 个音来配合：哈（hā）、嘿（hēi）、嗨（hāi）。开始时，要一声一声地发，需要注意的是舌根、下巴均需要放松，软腭要上挺，后咽壁也需要收紧挺直，发出的声音要有力度。当有了一定的基础以后，就可以连续发这几个音了。

③ 腹肌灵活性的训练。肩肘倒立，两腿在空中像蹬自行车一样交替屈伸；肩肘倒立，两腿伸直，像挂钟一样左右交叉摆动。

④ 腹肌与呼吸、发声主动配合的训练。坐在硬椅子前端，双腿伸直，上身后仰吸气时，腹肌要么放松，要么稍稍绷紧；上身前倾呼气时，腹肌要有意识地收缩。

（2）横膈膜的训练。

① 横膈膜的弹发训练。横膈膜的弹发训练是在传统的横膈膜锻炼方法“狗喘气”的基础上改进的。横膈膜弹发训练与“狗喘气”不同的是：吸气时变开口为闭口，这样可以减轻气流对嗓子的冲击；呼气时变无声为有声，在呼气的同时发嘿（hēi）音。

② 横膈膜弹发训练喊操口令。一口气弹发 1、2、3、4，换气后接着喊 2、2、3、4，再换气，接着喊 3、2、3、4，4、2、3、4。注意吸气时，横膈膜要收缩、下降，呼气和喊口令时，横膈膜要有意识地弹发，口令要喊得饱满、干脆、有力度。

2. 胸腹联合呼吸方法的训练

（1）慢吸慢呼。

① 吸气深，呼气通畅。直立站稳，双目平视前方，头不要偏，两肩要放松，从容地像闻鲜花一般地吸气。此时，你会觉得两肋打开，皮带涨满，腰部充满了气息，感觉到气入丹田了，保持数秒后，再轻缓地呼出。

② 吸气深，呼吸均匀。用慢吸慢呼的动作发单元音“ɑ”的延长音。声音逐渐由小到大，由低到高，由近到远，由弱到强。气息要畅通自如，下腭、舌根不紧张，喉部放松，使气息集中打到硬腭前发出声音，这时的声音应该是自己感觉最舒服的声音。

③ 吸气深，呼气灵活。数数练习：吸气时，慢慢吸气，当吸至八成满后开始呼气，呼气时数数 1、2、3、4、5……数数的速度要慢，吐字要清晰，嘴上用力，不紧张，不憋气；当发出一个音后，马上闭上声门，不要跑气和换气。数数时，喉部放松，气息畅通，直至一口气数完，能数多少就数多少，逐渐增加。

④ 气息均匀。用一口气连续发 6 个单元音 ɑ—o—e—i—u—ü，努力保持音调和音强的恒定不变。

（2）快吸慢呼。

① 吸气深，呼气畅通。当人在惊喜的状态下往往会快速、短促地深吸一口气，保持这种状态，然后喊“啊”，这时仍保持吸气的状态。这样快速地吸气的方法，是我们在说话当中会经常用到的。

巴（bā）	拔（bá）	把（bǎ）	罢（bà）
搭（dā）	达（dá）	打（dǎ）	大（dà）

提示

这个练习要经常做，锻炼延长呼气时间。在做练习时，要用快吸来练，字音要清楚准确。

② 夸大上声练习（气沉丹田）。

A. ǎ　　ǐ　　ǎi　　ǎo　　ǔ

B. 好（hǎo）　美（měi）　满（mǎn）　想（xiǎng）

仰（yǎng）　场（chǎng）

③ 换气练习（气息畅通、灵活）。

A. 出东门，过大桥，大桥底下一树枣，拿着杆子去打枣儿，青的多红的少，一个枣儿、两个枣儿、三个枣儿……十个枣儿、九个枣儿、八个枣儿……一口气说完才算好。

B. 广场上飘红旗，一面旗、两面旗、三面旗、四面旗、五面旗、六面旗、七面旗、八面旗、九面旗、十面旗……

3. 换气、补气的训练

（1）第一步，快速吸气。像准备喊突然发现远方走来的朋友那样急吸气，两肋一下子扩起，然后缓慢平稳地呼出。第二步，呼气五六秒后立刻补气。要领：收小腹、口鼻进气、两肋张开。第三步，缓慢呼气。如此反复十几次。每次呼气时间可以有长有短，直至能自如掌握。

（2）呼气时从容发声（Ⅴ为换气、补气记号）。

Ⅴ一二三四Ⅴ五六七八Ⅴ

二二三四∨五六七八∨

三二三四五六七八∨

四二三四五六七八∨

4. 气息弱控制训练

（1）吸气深，呼气均匀。缓慢持久地发出 ai、uai、uang、iang 四个音。

（2）夸大声调，延长发音，控制气息的训练。

花红柳绿：h—uā　h—óng　l—iǔ　l—ǜ

谈笑风生：t—án　x—iáo　f—ēng　sh—ēng

鸟语花香：n—iǎo　y—ǔ　h—uā　x—iāng

（3）通过夸大声调，控制气息，扩展音域。

静夜思

床前明月光，疑是地上霜。

举头望明月，低头思故乡。

春　晓

春眠不觉晓，处处闻啼鸟。

夜来风雨声，花落知多少。

5. 气息强控制训练

气要吸得深，吸得足，如果气不够，喉咙会紧张，呼气要均匀、通畅、灵活。

用京剧老生笑的感觉，吸气后发：

哈：hà—hà—hà—hà—hà（体会气沉的感觉）

反复弹发：hèi—hà—hòu（体会横膈膜和腹肌的作用）

pēng—pā —pī—pū—pāi（体会气息上下贯通，力度加强）

数葫芦：

一口气数不了二十四个葫芦、四十八块瓢。

一个葫芦两块瓢，

两个葫芦四块瓢，

三个葫芦六块瓢，

四个葫芦八块瓢，

五个葫芦十块瓢，

六个葫芦十二块瓢，

七个葫芦十四块瓢，

八个葫芦十六块瓢，

九个葫芦十八块瓢，

……………………

二十四个葫芦四十八块瓢。

满江红

怒发冲冠，凭栏处，潇潇雨歇。抬望眼，仰天长啸，壮怀激烈。三十功名尘与土，八千里路云和月。莫等闲，白了少年头，空悲切。

靖康耻，犹未雪；臣子恨，何时灭！驾长车，踏破贺兰山缺。壮志饥餐胡虏肉，笑谈渴饮匈奴血。待从头，收拾旧山河，朝天阙。

训练时，把握住深、通、匀、活四字方针。注意气和内容的结合。

五、汉语声调和气息运用的关系

汉语是声调语言，汉语四声调值的变化是汉语语势变化的基础。而气息的控制和运用与汉语四声调值的发音有着密切的关系。

1. 阴平

阴平是55调，特点是音高而平。在发阴平时，气息流量要小、气流力度要强，气息控制方式单一，没有太明显的变化。

2. 阳平

阳平是35调，特点是声音由中间开始，不断向上，直至最高。在刚开始发音的时候，气息稍弱，随着音高上升，气息力度慢慢增加，特别是在最后发到高音顶端时，小腹的给气力度要足、要实、要用力托住。如果气息力度跟不上，声音会变得窄、尖、干、涩。

3. 上声

上声是214调，特点是发音和气息控制都有较大难度，这也是很多人发不好上声的原因。在发上声的时候，一开始气息的流量和力度要适中，随着声音往低走，气息流量变大，力度变小。然后，随着音高的上升，气息的流量渐渐减少，力度增大。如果不能够正确地掌握发上声时的气息运用方法，就会出现声噎、声嘶、气竭。

4. 去声

去声是 51 调，特点是看起来容易把握，实则很难发到位。从音高及气息控制上来看，去声的发音似乎容易把握，但当音高降低，气息控制渐渐放松时，却可能因为气流量过小，力度过小，而使音高在降到最低时发生哑、涩、闷、暗的情况。要想发好去声，气息的流量要由小到多，气流的力度要由适中到较强，最关键的是，要让气一直拖到音发完，不可过早地在音还没有发完时就“撤劲”。

第四章

口腔控制

我们以呼出的气息为动力，使喉部的声带振动发出声音，再经过由喉、咽，直至口腔的各个共鸣器官，而使声音得以扩大和美化，但这一切并不是最终目的，我们最终的目的是要为说话而服务。

我们在说话时，语义是通过语音来体现的，而汉语的字词是构成汉语语言结构的基本单位。我们要想准确、生动、清楚、明了地沟通交流、传情达意，就必须要充分重视吐字这个环节。

在长期的语言实践中，我国的语言艺术工作者总结出了许多行之有效的吐字方法，"吐字归音"就是这些方法的集中体现。我们说话时的吐字，虽然和说唱艺术当中的吐字有一定的区别，但吐字归音是建立在汉语音节结构基础上的发音方法，它对各种不同的语言活动都具有普遍意义，不仅说唱戏曲艺术可以从中受益，话剧、电影的表演艺术，电台、电视台的播音主持也从中吸取了有益的成分，我们一般的生活交际语言也可以借鉴这种吐字方法，使我们的发音得到改善，使我们的语言魅力得以增强。要掌握吐字归音的技巧，就要学会对口腔进行控制。

一、咬字器官

我们说话时发出的每一个音节的过程就是咬字的过程，在咬字的过程中，口腔内发挥相应作用的各个部分就是咬字器官。

（1）口腔可分为上下两部分，口腔的上下两部分可以有控制地打开、闭合，这对我们的吐字发音极其重要。

（2）口腔下部有能够灵活运动的舌，它可以与口腔上部形成各种阻碍，舌面的高点使口腔分为前后两个腔体，舌的形状变化使口腔的形状也随之发生变化。

（3）口腔上后部的软腭能升、能降，以阻塞或打开鼻腔通道，改变口咽部的形态。

（4）口腔最前端是能够开闭、展撮自如的双唇，双唇也是声音的出口。

二、咬字器官的训练

吐字的准确、清晰与否，很大程度上来源于对咬字器官的有力和灵活控制，要想达到比较好的吐字效果，首先就要锻炼咬字器官。

1. 牙关

牙关指的是下颌关节的运动，它使口腔开合自如。若想取得比较好的吐字效果，就要对口腔的开合进行训练。

训练方法

用手扶住下巴，并使下巴保持放松和微收的状态，缓缓抬头，打开口腔，再缓缓低头，关闭口腔。每天可练习 30 次。

2. 舌

舌是口腔中活动最积极、影响最大的咬字器官，在汉语普通话的所有音素中，除辅音的双唇音 b、p、m，唇齿音 f 之外，无不依赖舌的活动，而在整个音节发音过程中，舌都要发挥积极的吐字作用。舌的活动直接影响到字音的准确。发辅音时，是舌的相关部位与口腔上部构成的阻碍；发元音时，是舌位适当的前后高低；在音节中，是舌的符合发音规律的积极活动。无论是发元音还是发辅音，舌的相关部位力量集中，声音就集中；舌的弹力越强，声母部分发得就越清晰；舌如果绵软无力，字音就会比较模糊；舌还会影响字音的圆润度，只有舌的状态积极、灵活、有力，我们发出的字音才能够饱满、圆润。舌如果有力、坚韧，声音就会明亮一些，舌如果松软无力，声音就会散漫、暗淡一些。

训练方法

汉语普通话的语音主要形成于舌的前部和中部，因而舌前部和中部的灵活、有力是我们训练舌的根本要求。

（1）弹舌。舌尖上翘，以较快速度来回弹上齿下缘。目的是活动舌头，增加舌的灵活性。

（2）刮舌。开始时，舌尖抵下齿背，上齿缘接触舌叶；舌前部逐渐挺起，上齿缓缓地沿着舌的中纵线向后刮，口腔好像被舌撑开，直至不能再张大。

（3）伸卷。用力把舌伸出口外，使舌的前端呈尖形，再向上用力回卷。

（4）立舌。舌在口腔内翻动 90 度，使舌的左边缘向上立起；再翻动 180 度，使舌的右边缘向上立起。

（5）发音。用短促的声音发 de、ge、le，舌的相应部位要有力度。

（6）绕口令：

调到敌岛打特盗，特盗太刁投短刀。挡推顶打短刀掉，踏盗得刀盗打倒。

3. 腭

腭，俗名口盖。分隔口腔与鼻腔，腭分前后两部分，前三分之二是硬腭，后三分之一是软腭。硬腭前部能够提高声音的明朗度，能使声音产生良好的共鸣。

训练方法

（1）半打哈欠。像半打哈欠似的打开牙关，提起上腭，再缓缓闭拢。半打哈欠的意思是说，口不要张得过大，软腭不要过挺。

（2）软腭升降。口轻松地半开，提软腭以闭塞鼻腔通道，打开时，有轻微的爆破声。

（3）纠正鼻化音。汉语普通话没有鼻化元音，但有的人在发音时，却有鼻化色彩较重的毛病，可用此办法予以纠正。即用半打哈欠的状态开口吸气，当软腭升起，隔断鼻腔通路时，以拇指和食指轻按鼻骨的两侧，或捏住鼻翼以堵塞鼻腔通道，发 bɑ、bi、bu，直至鼻腔没有明显的振动为止。

4. 唇

唇是声音的主要出口，吐字的重要器官。唇在口腔的前端，唇的控制对吐字的质量有明显的影响。发音时，如果唇向前突出，声音会发闷，不够明亮，字音也容易包在口中，如果将唇收拢起来与齿相依，声音就明朗多了，字音也容易吐出口外。唇的收缩力越强，声音就越集中，唇的收缩力越弱，声音就越容易发散。汉语语音的特点使唇的作用更为突出，汉语韵母有开、齐、合、撮之分，它们与开始发音的唇形有密切的关系。开口呼韵母开始发音时，唇裂较宽，唇较放松；齐齿呼韵母开始发音时，唇形扁平，上唇几乎与上齿下缘平行，因而叫齐齿；合口呼韵母开始发音时，唇呈圆形，口唇有合拢之感，所以叫合口；撮口呼韵母开始发音时，有撮唇感，所以叫撮口。

此外，韵母中韵尾元音 i 或 u（o）也与唇形有直接的关系。由此可以看出，汉语普通话的全部音节与唇形的关系都较密切，因而，唇形控制对汉语普通话的吐字有特殊的意义。

训练方法

（1）撮唇。开小口，在提颧肌的前提下，唇沿齿向中间撮合，再展开，反复练习。

（2）转唇。嘴合拢噘唇，沿逆时针方向转动，再沿顺时针方向转动，每次练习 30 次。

（3）双唇打响。上唇向中间紧缩，力量集中于上唇中部，反复发辅音 b，能感觉到有清晰的爆破声。

（4）bā 音击点。面向墙壁，以双唇打响同样的状态发 bā 音，意念中设想墙上与口平行处有一小洞。要求在发每一个 bā 音时，都要把 bā 音弹击到小洞内。

（5）绕口令：

八百标兵奔北坡，炮兵并排北边跑。

炮兵怕把标兵碰，标兵怕碰炮兵炮。

在做以上练习时，整个的口形动作要自然、大方，唇紧贴着齿外活动，幅度不宜太大，这样不仅音色清晰明朗，而且口形美观大方。需要说明的是播音员、主持人、影视演员、说唱艺术工作者还要对每个音节的字头、字腹、字尾进行严格的训练，吐字也要求具有“枣核形”，但我们生活和工作当中的语言，不必过多地进行这样的训练，因为，这种过多、专业的训练会使我们在平时的说话中有一种不自然的感觉，使听者难以接受。

第五章

语言是活的

在我们科学、系统地学习和掌握了汉语普通话的标准发音，并使我们的声音富有魅力后，我们的语言一定能够在自身原有的基础上，不仅标准，而且也优美动听了。但仅有这些还是远远不够的，语音标准纯正、声音优美动听是我们讲好普通话的基本要求。要想使我们的语言更具魅力，还应该使我们的思想更加深刻、内涵更加丰富、知识更加渊博、逻辑更加严密；还应得益于我们良好的心理素质，过硬的语言功力，丰富的语言实践，科学的语言表达方式。否则，我们说话时就谈不上达到“浑然天成”的自由境界了。

此外，我们的语言是活的，不是僵硬不变的。我们要把所学的相关语音知识、科学发声方法，与我们在生活、工作、实际交往当中的语言表达相结合，努力探寻和掌握语言在实际运用中带有普遍规律性的一些东西。这样我们既能够把所学到的相关知识作为说好普通话的根本原则，同时，又能够在语言实践中灵活地加以运用。

下面结合自己在普通话学习和教学当中的一些体会，介绍一些在实际工作生活中语言表达的不同方法和技巧。

一、客观叙述地说话

客观叙述地说话，是我们在一切场合说话的最基本的状态，也是我们在语言交流中最常见、最常用的。

客观叙述地说话，要求我们说话时的心态要平和，态度要温和，呼吸要从容；语言节奏要适中，不紧不慢，吐字不松不紧，口腔状态比较放松，声音在自己最自如的中声区；感情色彩不宜太激烈，语调平稳，说话幅度起伏不大。

二、轻松愉快地说话

我们现在都希望快乐地工作、快乐地生活、快乐地交往，轻松愉快地说话，不仅是时代的要求，也是我们工作、生活、交际的需要。

轻松愉快地说话，要求我们在说话时，心态要轻松，心情要愉快，精神要爽快；用声要轻，吐字要巧，节奏稍快，呼吸自如顺畅；发音位置可适当地往前一些，用声以自如声区、中声区为主，语调多为上扬调。

三、礼貌微笑地说话

微笑着说话，既是我们说话的一种方式，也是现代国际化交际的一种标准，更是说者对听者的一种礼貌。许多名人和成功人士都把“微笑、再微笑一点”作为与人交际、交往的语言沟通诀窍。

微笑着说话，要求我们说话时的心态要好，充满自信，对他人充满尊重；我们可以适当地运用“提笑肌”的方式来表现自己的感情色彩，气息要自如顺畅，口腔状态既要轻松，也要积极；吐字要清晰，用声要虚实结合，语调要平稳和上扬相结合。

四、郑重其事地说话

郑重其事地说话，是我们在正式场合常用的一种说话方式。

郑重其事地说话，心态要郑重，神情较为正式、严肃；用声要实，语速要稳，气息要充实、饱满；吐字较紧，音量较大，但注意不要“过”，更不要生硬刻板。

五、稳健大方地说话

稳健大方地说话，是在较为正式场合的说话的一种主要方式。稳健是指在说话时有一种稳重、镇定的感觉；大方是指在说话时从容不迫、落落大方。这种说话方式可表现出一个人的自信感、成熟感。稳健大方的说话方式，容易获得听者的认可和信任。

稳健大方地说话用声以实声为主，声音主要集中在中音区，兼带有一定的胸音色彩。总体来说，声音明朗、扎实；语速不宜太快，以中速为好；节奏平稳，口腔控制较为有力，同时心态要平稳，神态要端正，不可轻浮，更不可大大咧咧；吸气要深，呼气要持久有力。

六、热情激昂地说话

热情激昂地说话，是我们在一些重要的场合进行宣传鼓动的一种重要方式。这种说话方式具有极强的感染力和动员力，让人听后热血沸腾，有一种特别的冲动，能够起到振奋人心的效果。

热情激昂地说话以实声为主，少用或不用虚声，音量较大，用声以中音区为主，但胸腔和头腔共鸣也要适当使用。热情激昂地说话是调动声区最多的一种说话方式。语速稳中有快，节奏感较强，语调多上扬，声调抑扬顿挫，语势跌宕起伏；吸气要深，胸腹联合呼吸法在这里会发挥重要的作用；内心要充满自信和激动，神态要积极奔放。

七、娓娓道来地说话

娓娓道来地说话，是一种较高层次、较高水平的说话方式，这种方式特别使人易于接受。这种方式会使你的话语娓娓动听，彰显人格魅力。

娓娓道来地说话心态是宁静的、神态是祥和的；声音不宜太大，话语要轻柔；气吸得不要太深，呼气时要柔和平稳，不露痕迹；语速是缓慢的，语句之间有充足的停顿时间和空间；口腔控制适中，不强不弱，唇舌使劲力度也不太大；语调平缓，句尾多上扬，没有太多的大起大伏。

八、义正词严地说话

义正词严地说话，是我们在工作和生活中较少使用的一种说话方式。在碰到别人对你造谣中伤、散布流言蜚语时，为了维护自身的权益，争取自身的利益，常常需要这种说话方式。

义正词严地说话吸气要深、饱满，呼气要稳、均匀；声音以中声区为主，但适当的头腔共鸣也是需要的；用声全部用实声，不用虚声；语速总体不快不慢，但根据说话的内容也应有快有慢，快慢结合；口腔控制要有力，唇舌也应有一定的力度；内心要有正义感，神态要有一种邪不压正的感觉；语调多为降调，有时也可上扬，这要视具体说话的内容而定。需要注意的是，要以理服人，不要高声喊叫。

九、遗憾惋惜地说话

遗憾惋惜地说话要求我们用声不要太实，要虚实结合；说话时可伴有一定的气声；吸气要快，呼气要轻、要稳；语气往往稍感沉重；语调常常下行，极少上扬。

遗憾惋惜地说话也要有一个尺度。尺度把握不好，会产生一种假惺惺的感觉。一般的遗憾惋惜有一种叹息感，很深的遗憾惋惜就会痛心疾首。到了痛心疾首的阶段，吸气要深，腹部要挺住，音量较大，有一种肝肠欲断的感觉。

十、沉重悲痛地说话

沉重悲痛地说话在生活当中并不常见，不常见不等于碰不见。当我们碰到这种情况的时候，我们说话的语速要慢，停顿要长，吸气要深，呼气要持久；用声以中低声区为主，声音要稳、要实；语调多下降调。需要注意的是沉重悲痛地说话不要憋着嗓子、压着喉咙去说。悲要有度，要有克制。

第六章

练习材料

一、诗歌

致橡树　　舒婷

我如果爱你——
绝不像攀援的凌霄花
借你的高枝炫耀自己；
我如果爱你——
绝不学痴情的鸟儿
为绿荫重复单调的歌曲；
也不止像泉源
常年送来清凉的慰藉；
也不止像险峰
增加你的高度，衬托你的威仪。
甚至日光
甚至春雨。
不，这些都还不够！
我必须是你近旁的一株木棉，

作为树的形象和你站在一起。
根，紧握在地下，
叶，相触在云里。
每一阵风过，
我们都互相致意，
但没有人
听懂我们的言语。
你有你的铜枝铁干，
像刀、像剑、也像戟。
我有我的红硕花朵，
像沉重的叹息，
又像英勇的火炬。
我们分担寒潮、风雷、霹雳；
我们共享雾霭、流岚、虹霓。
仿佛永远分离，
却又终身相依，
这才是伟大的爱情，
坚贞就在这里：
爱——
不仅爱你伟岸的身躯，
也爱你坚持的位置，脚下的土地！

训练提示

《致橡树》这首诗，构思新颖，语言精美，富有浓郁的抒情色彩，是一篇优美、深沉的抒情诗。诗人舒婷以橡树为对象，表达了对爱情的真挚和坚贞的情感。这首诗，不仅纯真、炽热，而且高尚、伟大，她像一首清新、柔美的歌曲拨动着人们的心弦，具有很强的感染力。

在练习这首诗时，心态是宁静的，神态是祥和的；声音不宜太大，话语既要轻柔，也要刚柔并济；气息不宜吸得太深，呼气时，要柔和平稳，不露痕迹；语速中速偏慢；语句之间应有充足的停顿时间和空间；口腔控制适中。

我愿意是急流　（匈）裴多菲

我愿意是急流，
山里的小河，
在崎岖的路上，
岩石上经过……
只要我的爱人
是一条小鱼，
在我的浪花中，
快乐地游来游去。
我愿意是荒林，

在河流两岸，
对一阵阵的狂风，
勇敢地作战……
只要我的爱人
是一只小鸟，
在我的稠密的
树枝间作窠，鸣叫。
我愿意是废墟，
在峻峭的山岩上，
这静默的毁灭，
并不使我懊丧……
只要我的爱人
是青春的常春藤，
沿着我荒凉的额，
亲密得攀援上升。
我愿意是草屋，
在深深的山谷底，
草屋的顶上
饱受风雨的打击……
只要我的爱人
是可爱的火焰，
在我的炉子里，
愉快地缓缓闪现。
我愿意是云朵，

是灰色的破旗，
在广漠的空中，
懒懒地飘来荡去……
只要我的爱人
是珊瑚似的夕阳，
傍着我苍白的脸，
显出鲜艳的辉煌。

训练提示

《我愿意是急流》这首诗是匈牙利伟大诗人裴多菲的一首爱情诗，是抒情诗中的珍品。该诗清新、自然、纯美，既没有花前月下的浪漫，也没有风花雪月的柔情，诗人在遣词、造句方面没有任何华丽的辞藻修饰，语言极其质朴、自然，使得纯洁的爱情与自由的生活融入朴实的言语之中，让读者读后深深地沉浸在情景交融的诗句之中。

在练习这首诗时，用声要轻，吐字要巧；节奏中等偏快；呼吸自如、顺畅；语言轻快、流畅，语句起伏不宜太大；感情色彩不宜太激烈。

西去列车的窗口 贺敬之

在九曲黄河的上游，

在西去列车的窗口。

是大西北一个平静的夏夜，

是高原上月在中天的时候。

一站站灯火扑来，像流萤飞走，

一重重山岭闪过，似浪涛奔流。

此刻，满车歌声已经停歇，

婴儿在母亲怀中已经睡熟。

啊，在这样的路上，这样的时候，

在这一节车厢，这一个窗口……

你可曾看见：那些年轻人闪亮的眼睛，

在遥望六盘山高耸的峰头？

你可曾想见：那些年轻人火热的胸口，

在渴念人生路上第一个战斗？

你可曾听到啊，在车厢里：

仿佛响起井冈山拂晓攻击的怒吼？

你可曾望到啊，灯光下：

好像举起南泥湾披荆斩棘的镢头？

啊，大西北这个平静的夏夜，

啊，西去列车这不平静的窗口！

一群青年人的肩紧靠着一个壮年人的肩，

看多少双手久久地拉着这双手。
他们啊，打从哪里来？又往哪里走？
他们属于哪个家庭？是什么样的亲友？
他啊，塔里木垦区派出的带队人——
三五九旅的老战士、南泥湾的突击手。
他们，上海青年参加边疆建设的大队——
军垦农场即将报到的新战友。
几天前，第一次相见——
是在霓虹灯下，那红旗飘扬的街头。
几天后，并肩拉手——
在西去列车上，这不平静的窗口。
从第一天，老战士看到你们啊——
那些激动的面孔、那些高举的拳头。
从第一天，年轻人看到你啊——
旧军帽下根根白发、臂膀上道道伤口。
啊，大渡河的流水啊，流进了扬子江口，
沸腾的热血啊，汇流在几代人心头！
你讲的第一个故事："当我参加红军那天"；
你们的第一张决心书："当祖国需要的时候。"
"啊，指导员牺牲前告诉我：
'想到啊，——十年后、百年后。'"
"啊，我们对母亲说：
'我们——永远、永远跟党走！'"
第一声汽笛响了，告别欢送的人流。
收回挥动的手臂啊，紧攀住老战士肩头。

第一个旅途之夜。你把铺位安排就。
悄悄打开针线包啊，给“新兵们”缝缀衣扣。
啊！是这样的家庭啊，这样的骨肉！
是这样的老战士啊，这样的新战友！
啊，祖国的万里江山！
啊，革命的滚滚洪流！
一路上，扬旗起落——
苏州、郑州、兰州。
一路上，倾心交谈——
人生、革命、战斗。
而现在，是出发的第几个夜晚了呢？
今晚的谈话又是这样久、这样久。
看飞奔的列车，已驶过古长城的垛口，
窗外明月，照耀着积雪的祁连山头。
但是，“接着讲吧，接着讲吧！
那杆血染的红旗以后怎么样啊，以后？”
“说下去吧，说下去吧！
那把汗浸的镢头开啊、开到什么时候？”
“以后，以后，那红旗啊——
红旗插上了天安门的城楼。”
“以后，以后，那南泥湾的镢头啊——
开出今天沙漠上第一块绿洲。”
啊，祖国的万里江山！
啊，革命的滚滚洪流！
“现在，红旗和镢头，已传到你们的手。

现在，荒原上的新战役，正把你们等候！”
看，老战士从座位上站起——
月光和灯光，照亮他展开的眉头。
看，青年们一起拥向窗前——
头一阵大漠的风尘，翻卷起他们新装的衣袖！
但是现在，已经到必须休息的时候，
老战士命令：“各小队保证，一定睡够！”
立即，车厢里平静下来。
窗帘拉紧。灯光减弱。人声顿收。
但是，年轻人的心啊，怎么能够平静？
——在这样的路上，在这样的时候！
是的，怎么能够平静啊，在老战士的心头？
——是这样的列车，是这样的窗口！
看那是谁？猛然翻身把日记本打开，
在暗中，大字默写：“开始了——战斗！”
那又是谁啊？刚一入梦就连声高呼：
“我来了！我来了！——决不退后！”
啊，老战士轻轻地走过每个铺位，
到头又回转身来，静静地站立在门后。
面对着眼前的这一切情景，
他，看了很久，听了很久，想了很久。
啊，胸中的江涛海浪！

啊，满天的云月星斗！
——该怎样做这次行军的总结呢？
怎样向党委汇报这一切感受？
该怎样估量这支年轻的梯队啊？
怎样预计这开始了的又一次伟大战斗？
戈壁荒原上，你漫天的走石飞沙啊，
革命道路上，你阵阵的雷鸣风吼！
乌云，在我们眼前。
阴风，在我们背后。
江山啊，在我们的肩！
红旗啊，在我们的手！
啊，眼前的这一切一切啊，
让我们说：胜利啊——我们能够！
啊！我亲爱的老同志！
我亲爱的新战友！
现在，允许我走上前来吧，
再一次、再一次拉紧你们的手！
西去列车这几个不能成眠的夜晚啊，
我已经听了很久，看了很久，想了很久。
我不能、不能抑止我眼中的热泪啊，
我怎能、怎能平息我激跳的心头？！
我们有这样的老战士啊，
是的，我们——能够！

训练提示

《西去列车的窗口》这首诗，是时代的颂歌。感情真挚，语言朴实，蕴含深刻。诗人贺敬之总是以敏锐的目光去表现时代的重大事件，具有强烈的革命浪漫主义风格。

在练习这首诗时，感情要真挚，声音要明朗，语速不宜太快，以中速为好；内心要热情激昂，神态要积极奔放，语调多上扬，语势跌宕起伏。由于该诗比较长，朗诵时要注意气息和声音的合理配置。

回　答

北　岛

卑鄙是卑鄙者的通行证，
高尚是高尚者的墓志铭。
看吧，在那镀金的天空中，
飘满了死者的弯曲的倒影。

冰川纪过去了
为什么到处都是冰凌。
好望角发现了，
为什么死海里千帆相竞？

我来到这个世界上，
只带着纸、绳索和身影，
为了在审判之前
宣读那被判决了的声音：

告诉你吧，世界，
我——不——相——信！
纵使你脚下有一千名挑战者，
那就把我算做第一千零一名。

我不相信天是蓝的；
我不相信雷的回声；
我不相信梦是假的；
我不相信死无报应。

如果海洋注定要决堤，
就让所有的苦水都注入我心中；
如果陆地注定要上升，
就让人类重新选择生存的峰顶。

新的转机和闪闪的星斗，
正在缀满没有遮拦的天空，
那是五千年的象形文字，
那是未来人们凝视的眼睛。

训练提示

《回答》这首诗是“朦胧诗人”北岛的代表作，其现代主义色彩的新诗歌形式，受到青年读者的欢迎，被称为“朦胧诗”的代表诗人。

在练习这首诗时，用声全部要实，不用或少用虚声；口腔控制要有力，唇舌也应有一定的力度；内心要有正义感；吸气要深、饱满，呼气要稳、均匀；声音以中声区为主，同时，可适当用一点头腔共鸣。

沁园春·雪

毛泽东

北国风光，千里冰封，万里雪飘。望长城内外，惟余莽莽；大河上下，顿失滔滔。山舞银蛇，原驰蜡象，欲与天公试比高。须晴日，看红妆素裹，分外妖娆。

江山如此多娇，引无数英雄竞折腰。惜秦皇汉武，略输文采；唐宗宋祖，稍逊风骚。一代天骄，成吉思汗，只识弯弓射大雕。俱往矣，数风流人物，还看今朝。

训练提示

《沁园春·雪》这首词写于1936年2月，是毛泽东率领红军长征胜利到达陕北之后，在陕北清涧县攀登海拔千米白雪覆盖的塬时写下的这首词。这首词分上下两阕，上阕描写北国雪景，表现祖国的山河壮丽；下阕纵论历代英雄，抒发诗人的抱负，被柳亚子先生盛赞为千古绝唱。这首词，意境壮美雄浑，气势磅礴，感情奔放，胸怀豪迈，是中国词坛杰出的咏雪、抒怀之作。

在练习这首词时，内心要充满自信和激动，吸气要深，胸腹联合呼吸法在这里会发挥重要的作用。语言要明快有力，连贯通畅，挥洒自如；声调抑扬顿挫，语势跌宕起伏，要充分展示雄阔豪放、气势磅礴的风格。

满江红　岳　飞

怒发冲冠，凭栏处潇潇雨歇。抬望眼，仰天长啸，壮怀激烈。三十功名尘与土，八千里路云和月。莫等闲白了少年头，空悲切。

靖康耻，犹未雪；臣子恨，何时灭！驾长车踏破贺兰山缺。壮志饥餐胡虏肉，笑谈渴饮匈奴血。待从头收拾旧山河，朝天阙。

训练提示

《满江红》是一首气壮山河、传颂千古的名篇，表现了作者大无畏的英雄气概，洋溢着爱国主义激情。上阕通过凭栏眺望，抒发为国杀敌立功的豪情；下阕表达报仇雪耻，重整乾坤的壮志。

在练习这首词时，气息要沉，声音要稳，要实；语气沉重、悲壮，音量较大。练习时需要注意的是，不要憋着嗓子，压着喉咙去朗诵。当练习到百感交集、满怀悲愤的阶段，吸气一定要深，腹部要挺住，以气托声，使整个声音坚实、贯通。

念奴娇·赤壁怀古

苏 轼

大江东去，浪淘尽，千古风流人物。故垒西边，人道是，三国周郎赤壁。乱石穿空，惊涛拍岸，卷起千堆雪。江山如画，一时多少豪杰！

遥想公瑾当年，小乔初嫁了，雄姿英发。羽扇纶巾，谈笑间，樯橹灰飞烟灭。故国神游，多情应笑我，早生华发。人生如梦，一樽还酹江月。

训练提示

苏轼的《念奴娇 · 赤壁怀古》是一首咏史怀古词，是宋词中一首千古传诵的咏史佳作。这首词的上阕以写景为主，主要描写赤壁的景色，同时兼怀古人；下阕怀古。词人抓住周瑜年轻有为这个主要的特征，塑造了他雄姿英发的英雄形象。总体来说，这首词写得雄浑豪放，大开大阖，气象恢宏，堪称历代咏史、怀古之绝唱。

在练习这首词时，上阕应以实声为主，声音雄浑豪迈，兼带有一定的胸音色彩；气息要沉、要稳；语速稳中有快；呼气要持久、有力。在练习下阕时，声音要虚实结合，用声较上阕要轻，气息要有所控制。下阕结尾处语气稍感沉重，语调呈下行趋势，有一种遗憾、惋惜的叹息感。

橘　颂

屈　原

后皇嘉树，橘徕服兮。
受命不迁，生南国兮。
深固难徙，更壹志兮。
绿叶素荣，纷其可喜兮。
曾枝剡棘，圆果抟兮。
青黄杂糅，文章烂兮。
精色内白，类可任兮。

纷緼宜修，姱而不丑兮。
嗟尔幼志，有以异兮。
独立不迁，岂不可喜兮？
深固难徙，廓其无求兮。
苏世独立，横而不流兮。
闭心自慎，不终失过兮。
秉德无私，参天地兮。
愿岁并谢，与长友兮。
淑离不淫，梗其有理兮。
年岁虽少，可师长兮。
行比伯夷，置以为像兮。

训练提示

《橘颂》堪称中国诗歌史上的第一首咏物诗。作者屈原巧妙地抓住橘树的生态和习性，运用类比、联想的写作手法，将它与人的精神、品格联系起来，以物写人，借物抒志，充分表现了屈原爱国的情怀和坚贞不渝的精神。

在练习这首诗时，神情应较为正式、严肃，用声要实，语速要稳，气息要充实、饱满，咬字较紧，音量较大，但注意不要“过”，更不要生硬、刻板，在充分理解的基础上，把作者深刻的思想内涵表达出来。

永生的和平鸽

刘擎 王嫣

女：无数次，在天空和大地之间的一棵棵橄榄树旁，我伸开手掌放飞一对年轻的洁白的鸽子。

男：无数次，在太阳被地平线颤抖地举起又颤抖地沉入的一个个早晨和黄昏，我向着遥远的南方，唱一支深情的无词的歌。

女：就在亚热带丛林中那片不知名的小草上，他最后一次站起身，向祖国致敬。红色的生命之泉奔涌着，再也没有停歇。于是，那天的晚霞很红很红。

男：就这样，他在那片小草上献出最后一次脉搏最后一次呼吸，献出二十二岁的年龄。就这样，他在青春里永恒。

女：于是，他的生命永远年轻。

男：他是个普通的人，

女：普通极了，

男：是我们儿时的伙伴，

女：我们青年时代的朋友。

男：他并不曾编织过关于英雄和元帅的光荣梦想，甚至并不特别喜欢那些打仗的故事。

女：他迷恋着他的鸽子，他的洁白美丽的鸽子。每一次当鸽子从他肩头起飞的时候，总会听到他对着蓝天吹响那嘹亮的无比洒脱的鸽哨。

男：可是，有一天，他说，他要去参军，他要去南方的前线。

女：于是，在一个雾气蒙蒙的早晨，他打好背包和我们告别。

男：他说，南方有一对白鸽子死了，因此总有人要走上前线。

女：是的，总有人要走上前线。

男：他说，他是爱鸽子的，所以他要上前线。

女：他爱鸽子，他要上前线。

男：他说，你们生活吧，奋斗吧，幸福吧，相爱吧。

女：他说，你们要幸福，要相爱。

男：他说，洒尽鲜血是为了开放出阳光和爱情，开放出大片大片和平的天空。

女：和平的天空。他说，是为了让所有的白鸽子永远不死地自由地飞翔。

男：这时候，你哭了，你的脸上挂着泪珠。

女：我哭了。我的脸上挂着泪珠。

男：他说，你还是一个小丫头，一个傻乎乎的小丫头。

女：他说，我是一个小丫头，一个小傻丫头。

男：他微笑着，吹响一声长长的口哨，

女：一声口哨，一声无比优美的口哨。

男：然后，眼睛和眼睛互相凝望着，

女：凝望了许久，什么也没说。

男：最后，他拿出那对雪白雪白的鸽子，放到我们手上，

女：转过身，踏上那条弯弯曲曲的小道。

男：从此，他再也没有回来，永远也不会回来了……

女：永远也不会回来了……

男：那一天，

女：那一天，

男：我看见晚霞很红很红；那一天他在青春里永恒，他的生命永远永远年青。鸽子飞翔着……

女：飞翔着……

男：牵出长长的弧线，

女：牵出长长的没有尽头怀念。

男：我的歌回旋着，它是低低地，低低地。可我总相信，在那遥远的亚热带丛林中会有一片小草会听到这歌声，

女：和我们一起怀念。于是，当我们无数次面对湛蓝湛蓝的天空和血红血红的霞光，

男：和我们一起怀念。于是，当我们无数次面对湛蓝湛蓝的天空和血红血红的霞光，

女：总觉得有一个掩藏的故事还不曾诉说，

男：总觉得有一阵嘹亮的鸽哨在久久回荡。

女：无数次，我们伸开手掌放飞一对年轻的洁白的鸽子。

男：无数次，我们向着遥远的南方，唱一支深情的无词的歌。

训练提示

《永生的和平鸽》这首诗是一首优秀的抒情长诗。这首诗的作者以真挚的情感，朴实、优美的语言，真切地表达了对参加上世纪 70 年代末对越自卫反击战牺牲了的普通士兵的歌颂与怀念。这首诗真实、感人，读后催人泪下，受到了 80 年代广大青年和大学生们的热烈欢迎，并广为传颂。

在练习这首诗时，气息沉稳从容，语言节奏适中，吐字不松不紧，口腔状态比较放松，语调要平稳，声音用自己最自如的中声区为好，听起来有一种朋友之间说话的感觉。尤其在这首诗的对话当中，声音不宜太大，话语要轻柔，但是，在看似平淡、轻柔的话语当中却要表达出一种深切缅怀、无限追思的感情色彩。

二、散文

荷塘月色

朱自清

这几天心里颇不宁静。今晚在院子里坐着乘凉，忽然想起日日走过的荷塘，在这满月的光里，总该另有一番样子吧。月亮渐渐地升高了，墙外马路上孩子们的欢笑，已经听不见了；妻在屋里拍着闰儿，迷迷糊糊地哼着眠歌。我悄悄地披了大衫，带上门出去。

沿着荷塘，是一条曲折的小煤屑路。这是一条幽僻的路；白天也少人走，夜晚更加寂寞。荷塘四面，长着许多树，蓊蓊郁郁的。路的一旁，是些杨柳，和一些不知道名字的树。没有月光的晚上，这路上阴森森的，有些怕人。今晚却很好，虽然月光也还是淡淡的。

路上只我一个人，背着手踱着。这一片天地好像是我的；我也像超出了平常的自己，到了另一世界里。我爱热闹，也爱冷静；爱群居，也爱独处。像今晚上，一个人在这苍茫的月下，什么都可以想，什么都可以不想，便觉是个自由的人。白天里一定要做的事，一定要说的话，现在都可不理。这是独处的妙处，我且受用这无边的荷香月色好了。

曲曲折折的荷塘上面，弥望的是田田的叶子。叶子出水很高，像亭亭的舞女的裙。层层的叶子中间，零星地点缀着些白花，有袅娜地开着的，有羞涩地打着朵儿的；正如一粒粒的明珠，又如碧天里的星星，又如刚出浴的美人。微风过处，送来缕缕清香，仿佛远处高楼上渺茫的歌声似的。这时候叶子与花也有一丝的颤动，像闪电般，霎时传过荷塘的那边去了。叶子本是肩并肩密密地挨着，这便宛然有了一道凝碧的波痕。叶子底下是脉脉的流水，遮住了，不能见一些颜色；而叶子却更见风致了。

月光如流水一般，静静地泻在这一片叶子和花上。薄薄的青雾浮起在荷塘里。叶子和花仿佛在牛乳中洗过一样；又像笼着轻纱的梦。虽然是满月，天上却有一层淡淡的云，所以不能朗照；但我以为这恰是到了好处——酣眠固不可少，小睡也别有风味的。月光是隔了树照过来的，高处丛生的灌木，落下参差的斑驳的黑影，峭楞楞如鬼一般；弯弯的杨柳的稀疏的倩影，却又像是画在荷叶上。塘中的月色并不均匀；但光与影有着和谐的旋律，如梵婀玲上奏着的名曲。

荷塘的四面，远远近近，高高低低都是树，而杨柳最多。这些树将一片荷塘重重围住；只在小路一旁，漏着几段空隙，像是特为月光留下的。树色一例是阴阴的，乍看像一团烟雾；但杨柳的丰姿，便在烟雾里也辨得出。树梢上隐隐约约的是一带远山，只有些大意罢了。树缝里也漏着一两点路灯光，没精打采的，是渴睡人的眼。这时候最热闹的，要数树上的蝉声与水里的蛙声；但热闹是它们的，我什么也没有。

忽然想起采莲的事情来了。采莲是江南的旧俗，似乎很早就有，而六朝时为盛；从诗歌里可以约略知道。采莲的是少年的女子，她们是荡着小船，唱着艳歌去的。采莲人不用说很多，还有看采莲的人。那是一个热闹的季节，也是一个风流的季节。梁元帝《采莲赋》里说得好：

于是妖童媛女，荡舟心许；鷁首徐回，兼传羽杯；櫂将移而藻挂，船欲动而萍开。尔其纤腰束素，迁延顾步；夏始春余，叶嫩花初，恐沾裳而浅笑，畏倾船而敛裾。

可见当时嬉游的光景了。这真是有趣的事，可惜我们现在早已无福消受了。

于是又记起《西洲曲》里的句子：

采莲南塘秋，莲花过人头；低头弄莲子，莲子清如水。今晚若有采莲人，这儿的莲花也算得“过人头”了；只不见一些流水的影子，是不行的。这令我到底惦着江南了。——这样想着，猛一抬头，不觉已是自己的门前；轻轻地推门进去，什么声息也没有，妻已睡熟好久了。

训练提示

《荷塘月色》写于 1927 年 7 月，是现代抒情散文的名篇。文章借对“荷塘月色”的细腻描绘，含蓄而又委婉地抒发了作者对现实悲愤不满，而又无法摆脱的苦闷和彷徨的心情。《荷塘月色》在口语的基础上，刻意出新，语言准确、生动、形象，读起来文气酣畅，浑然天成。

在练习这篇散文时，心态要平和，呼吸要从容，声音要轻；语言节奏明朗，起伏不大，吐字不紧不松，感情色彩不宜太激烈，语调平稳；声音用自己最自如的中声区，要表现出这首散文的音乐美和意境美。

海 燕

高尔基

在苍茫的大海上，狂风卷集着乌云。在乌云和大海之间，海燕像黑色的闪电，在高傲地飞翔。

一会儿翅膀碰着波浪，一会儿箭一般地直冲向乌云，它叫喊着，——就在这鸟儿勇敢的叫喊声里，乌云听出了欢乐。

在这叫喊声里——充满着对暴风雨的渴望！在这叫喊声里，乌云听出了愤怒的力量、热情的火焰和胜利的信心。

海鸥在暴风雨来临之前呻吟着，——呻吟着，它们在大海上飞窜，想把自己对暴风雨的恐惧，掩藏到大海深处。

海鸭也在呻吟着，——它们这些海鸭啊，享受不了生活的战斗的欢乐：轰隆隆的雷声就把它们吓坏了。

蠢笨的企鹅，胆怯地把肥胖的身体躲藏到悬崖底下……只有那高傲的海燕，勇敢地，自由自在地，在泛起白沫的大海上飞翔！

乌云越来越暗，越来越低，向海面直压下来，而波浪一边歌唱，一边冲向高空，去迎接那雷声。

雷声轰响。波浪在愤怒的飞沫中呼叫，跟狂风争鸣。看吧，狂风紧紧抱起一层层巨浪，恶狠狠地把它们甩到悬崖上，把这些大块的翡翠摔成尘雾和碎末。

海燕叫喊着，飞翔着，像黑色的闪电，箭一般地穿过乌云，翅膀掠起波浪的飞沫。

看吧，它飞舞着，像个精灵，——高傲的、黑色的暴风雨的精灵，——它在大笑，它又在号叫……它笑那些乌云，它因为欢乐而号叫！

这个敏感的精灵，——它从雷声的震怒里，早就听出了困乏，它深信，乌云遮不住太阳，——是的，遮不住的！

狂风吼叫……雷声轰响……

一堆堆乌云，像青色的火焰，在无底大海上燃烧。大海抓住金箭似的闪电，把它们熄灭在自己的深渊里。这些闪电的影子，活像一条条火蛇，在大海里蜿蜒游动，一晃就消失了。

——暴风雨！暴风雨就要来啦！

这是勇敢的海燕，在怒吼的大海上，在闪电中间，高傲地飞翔；这是胜利的预言家在叫喊：

——让暴风雨来得更猛烈些吧！

训练提示

《海燕》是一篇著名的散文诗，是高尔基早期的代表作品。这篇散文以敏锐的艺术感悟力，创造出了海燕的艺术形象，表达了作者坚强、无畏的革命理想主义精神，有着深刻的政治意义和象征内涵，给人以很强的艺术感染力。

在练习这篇散文时，要根据全篇的内容结构，层层推进，前后呼应，构成一个有机的统一体。要以暴风雨渐次逼近为线索，按海面景象的发展变化，分别从声音、气息、语气、语调等语言技巧上进行刻画和表现。朗诵时，内心要充满乐观的激情和胜利的信心，语气要坚定，声音要铿锵有力，要表现出作者抑恶扬善、爱憎分明的情感；声调抑扬顿挫，语势跌宕起伏，神态热情奔放、从容不迫。

橘园颂歌

闻 捷

风很大，云很低，也许要落雨了。我和海军大尉，沿着海边那条鹅卵石铺砌的小路，并肩向东走去。海军大尉是个非常豪放的人，平日爱说爱笑，现在他却无言地走着，我们爬上山坡，便看见一排排竹篱围成的院墙，这就是橘园了，在这里，埋葬了 17 个英雄的水兵。

“到了。”说完，海军大尉整理了一下军帽和衣领，双手推开了掩闭着的竹门。我踏上橘园门口的石阶，不由得回身望去。啊，群山环抱的剑螺港全部袒露在我的眼前，这时，海上那迅疾的风正卷起万堆白浪，不息地冲击着海岸，溅出雪亮的浪花。对面，玉龙山脚下停泊了近千只落帆的渔船，在激荡的水面颠簸。左边，我们来路的近头，挨着码头，停靠着一列炮艇和战舰。右边，从两山挟持的海口出去那白茫茫的一片就是东海了。多么雄伟壮丽的景色，当年的战斗指挥部就设在这样美丽的地方。

看守橘园的老人迎出来，远远就认出海军大尉，他连连说：“哦，哦，你又来看他们了。”他们——17 个水兵在这儿整整睡了三年。

我们穿过结满青色果实的橘林，走到橘园后边陡峭的石林下，那并排着有 17 座墓，坟上都培了黄土，碑前的花束还很鲜艳。老人说，有一群远海归来的渔民，昨天刚刚来过。我和海军大尉脱下帽子，默默地低下头来。我的心情异乎寻常，我用心里的声音和他们谈话，安息吧，亲爱的同志，你们睡在这儿是不会感到寂寞的，你们抬起头，就可以看见祖国的山、祖国的海、飞驰的风帆、辛勤的渔民以及他们海洋般沸腾的生活。你们睡在这里，是不会感到孤单的，常常有海上归来的渔民、船夫、水兵、假期中的孩子们来看你们。今天我虽然没有献上常绿的松枝、鲜红的花束，却带来了我满腔的激情和崇敬之意。

我默立在坟前很久很久，我不是期待他们回答什么，我是想起了他们一生中最光荣的时刻。

1953 年的今天，天气阴沉，剑螺港指挥部忽然收到一只海上巡逻艇发来的急电："我艇在鳌屿海面发现敌情，敌机……"——电讯到此中断了，不知是因为天气干扰呢？还是发报机发生了故障呢？一个钟头以后海军大尉，哦，当时他还是一个炮艇中队的队长，他接受指挥部的命令，立刻带领四只炮艇，载着十几颗焦虑不安的心，迎着风浪、迎着闪电、迎着雷声赶到鳌屿出事地点。

在鳌屿浅滩地带，我们的巡逻艇已经完全沉没了，汹涌的波涛上，只漂浮着一层柴油，几顶染有血迹的水兵帽子，几件烧破了的水兵上衣。远处的渔船也扯满风帆陆续赶来救援。渔民们说："不久以前，他们看到四架敌机贴着海面从东飞来，接着，这儿便响起激烈的战斗声。后来，他们又看见两架敌机尾巴上带着火焰栽进海里，两架敌机抖动着受伤的身子，呼啸着向东逃去。"他们知道的，就是这些。但是，战斗是怎样打响的？战斗是怎样进行的？敌机是怎样被击落的？我们的巡逻艇又是怎样被炸沉的？没有一个人看见，也没有一个人知道。

当天傍晚，在汽笛的长鸣中，在飘扬的旗海中，在水兵和渔民的泪眼模糊中，沉没在浅滩上的巡逻艇和全部死难者都被打捞出水面。

巡逻艇中了四颗炸弹，机舱的发动机破碎了。艇尾的副炮毁了，指挥台前虽然中了炸弹，前主炮还是完好的，炮筒上裹着水兵的上衣。想必是炮筒打红的时候，水兵们脱下衣服浸透了冷水裹上去的。信号兵腰部受了重伤，他爬过的软梯也有血迹，他用皮带把自己绑在桅杆上，忍着伤痛、火烧、烟熏发出最后的信号，以致嘴唇全被自己的牙齿咬破了。艇长小腹上中了一排机枪子弹，他没有倒下，一只手攥着望远镜，另一只手臂挎在指挥台上的铁栏杆上，倾斜着身子，睁着眼睛，张着嘴，仿佛还在喊叫射击口令。操作兵头顶中了弹片，因为有短发覆盖，所以看不出伤痕。他半闭着眼睛，紧紧地抱着舵子，好像远航归来后暂时的小憩，一会儿还会醒来。无线电兵和三个轮机兵，他们的遗体已经难以分辨了。八个枪炮兵都赤着膊，他们的胸部完全被射击的时候炮筒喷射出来的硝烟熏黑了。枪炮长胸前更有一片火燎的水泡。他们的遗体已经被波浪冲击得离开了艇身，是从海里寻找到的。只有炊事兵离开了自己的岗位。他被卡在右舷的铁索上，但他的手里拿的不是饭勺和菜铲，而是一支不知从哪个战友手中接过来的冲锋枪。

巡逻艇的弹药仓中，没有留下一颗炮弹，每支冲锋枪中，没有一颗未出膛的子弹。战斗打得多么激烈！敌人是多么疯狂！但是我们的水兵是多么顽强！

……他们——参加这次战斗的 17 个水兵英勇牺牲的壮烈事迹，很快传遍了整个剑螺港。在渔民的心中，化为了无数动人心弦的美妙传说。有人说，这 17 个水兵并没有死，每天还和往常一样，巡行在祖国领海的边缘；有人说，在风起云涌的夜里，曾经听到过他们驾驶着那只巡逻艇，在风浪中奔驰着、呐喊着，带着仇恨、带着射击前进，而当浪尖上粼光一闪的刹那，就看见那个年轻的信号兵高高地站在指挥台上，挥舞着缀有两条飘带的水兵帽。

是的，他们并没有死，他们永远活在人们的歌声中、传说中，他们是永生的。我为他们而感到自豪！我想，我们的孩子，将来在欢庆每一个胜利的节日的时候，会怀念起他们，会怀念起许多和他们一样的革命烈士！

我怀着崇高的敬意和海军大尉默默地告别了橘园，迈开大步，沿着海边那鹅卵石铺砌的小路往回走。远处，剑螺港正被迅疾的海风卷起万堆白浪，汹涌地冲击着沿岸，发出呼啸的声音。

训练提示

《橘园颂歌》是现代作家闻捷的一篇优秀散文。这篇散文感情真挚、细腻，风格清新、明丽，备受文坛瞩目。

在练习这篇散文时，呼吸要从容，语言节奏要适中，感情色彩不宜太激烈，语调平稳，总体起伏不大，但要在看似平淡无奇的话语中，表达出作者对牺牲了的水兵们的真挚的感情和深切的哀思。

社稷坛抒情

秦　牧

北京有座美丽的中山公园，公园里有个用五色土砌成的社稷坛。

社稷坛是北京九坛之一，它和坐落在南城的天坛遥遥相对。古代的帝王们，在天坛祭天，在社稷坛祭地。祭天为了要求风调雨顺，祭地为了要求土地肥沃。祭天祭地的终极目的只有一个：就是五谷丰登，可以“聚敛贡城阙”。五谷是从地里长出来的，因此，人们臆想的稷神（五谷）就和社神（土地）同在一个坛里受膜拜了。

穿过古柏参天、处处都是花圃的园林，来到这个社稷坛前，突然有一种寥廓空旷的感觉。在庄严的宫殿建筑之前，有这么一个四方的土坛，屹立在地面，它东面是青土，南面是红土，西面是白土，北面是黑土，中间嵌着一大块圆形的黄土。这图案使人沉思，使人怀古。遥想当年帝王们穿着衮服，戴着冕旒，在礼乐声中祭地的情景，你仿佛看到他们在庄严中流露出来的对于“天命”畏惧的眼色，你仿佛看到许多人慑服在大自然脚下的神情。

这社稷坛现在已经没有一点儿神秘庄严的色彩了。它只是一个奇特的历史遗迹。节日里，欢乐的人群在上面舞狮，少年们在上面嬉戏追逐。平时则有三三两两的游人在那里低徊。对，这真是一个激发人们思古幽情的所在！作为一个中国人，可以让这种使人微醉的感情发酵的去处可真多呢！你可以到泰山去观日出，在八达岭长城顶看日落。可以在西湖荡画舫，到南京鸡鸣寺听钟声。可以在华北平原跑马，在戈壁滩上骑骆驼。可以访寻古代宫殿遗迹，听一听燕子的呢喃，或者到南方的海神庙旁，看浪涛拍岸……这些节目你随便可以举出一百几十种来，但在这里面可不要遗漏掉这个社稷坛！这坛后的宫殿是华丽的，飞檐、斗拱、琉璃瓦、白石阶……真是金碧辉煌！而坛呢，却很荒凉，就只有五色的泥土。然而这种对照却也使人想起：没有这泥土所代表的大地，没有在大地上胼手胝足的劳动者，根本就不会有这宫殿，不会有一切人类的文明。

你在这个五色土坛上面走着走着，仿佛又回到公元前几千年去，会见了古代的思想家。他们白发苍苍，正对着天上的星辰，海里的潮汐，陶窑的火光，大地的泥土沉思。那时的思想家没有什么书籍可以阅读参考，日月经天，江河行地，四时代谢，万物死生的现象，都使他们抱头苦思。他们还远不能给世界的现象说出一个较完整的答案。但是他们终究也看出一点道理来了，世间的万物万事，有因有果，有主有从，它们互相错综地关联着……正是由于古代有这样的思想家在这样地思考过，才给后来的历史创造了这样一座五色的土坛。

“五行”的观念和我们这个民族一样地古老，东、南、西、北是人们很早就知道的，人们总以为自己所处是大地的中间，于是在四方之外又加上了一个“中心”，东、南、西、北、中凑成了五方五土的观念，直到今天我们还看到好些人家的屋角有“五方五土龙神”的牌位。烧陶方法和冶铜技术发明了，人们在熊熊火光旁边，看到火把泥土变成了陶器，把矿石烧成溶液，木头燃烧发出了火光，水又能够把火熄灭。这种现象使古代的思想家想到木、火、金、水、土（依照《左传》的排列次序）是万物的本源。于是木、火、金、水、土把五行的观念充实起来了。

烧制陶器这件事使人类向文明跨前一大步，在埃及，在希腊，都由此产生了神明用泥土造人的神话。在中国，却大大地发扬了“五行”的观念。根据木、火、金、水、土五种东西彼此的作用，又产生了五行相克相生的理论。根据这几种东西的颜色：树木是苍翠的，火光是红艳艳的，金属是亮晶晶的，深深的水潭是黝黑的，中原的泥土是黄色的。于是青、赤、白、黑、黄五种颜色就被拿来配木、火、金、水、土，成为颜色上的五行了。

这个五方、五行的观念被古代思想家用来分析许许多多的事物，音乐上的宫、商、角、徵、羽五个音阶，天上二十八宿的分隶青龙、朱雀、白虎、玄武（乌龟）四方，都是和这种观念紧密地联结起来的。

把世界万物的本源看做是木、火、金、水、土五种东西相互作用产生出来的，这和古代印度哲学家把万物说成是由地、火、水、风所构成，古代希腊哲学家说万物的本源是水或者火……那思想的脉络是多么的近似啊。

我们汉民族的摇篮在黄河的中上游，那里绵亘的是一望无际的黄土高原。因此，黄色被用来配“土”，用来配“中心”，成为我们民族传统中高贵的颜色。中心是不同于四方的，能够生长五谷的土地是不同于其他东西的，黄色是不同于其他颜色的。在这个土坛的中心，黄土被特别砌成了一个圆形，审视这个黄色的圆圈吧！它使我们想起奔腾澎湃的黄河，想起在地层下不断被发掘出来的古代村落，也想起那古木参天的黄帝的陵墓。

我多么想去抱一抱那些古代的思想家，没有他们的艰苦探索，就没有今天人类的智慧。正像没有勇敢走下树来的猿人，就不会有人类一样。多少万年的劳动经验和生活智慧积累起来，才有了今天的人类文明。每一个人在人类智慧的长河旁边，都不过像一只饮河的鼹鼠。在知识的大森林里面，都不过像一只栖于一枝的鷦。这河是多少亿万滴水汇成的啊，这森林是多少亿万株草木构成的啊！

瞧着这个社稷坛，你会想起了中国的泥土，那黄河流域的黄土，四川盆地的红壤，肥沃的黑土，洁白的白垩土……你会想起文学里许许多多关于泥土的故事：有人包起一包祖国的泥土藏在身旁到国外去；有人临死遗嘱必须用祖国的泥土撒到自己胸上；有人远适异国归来，俯身亲吻了自己国门的土地。这些动人的关于泥土的故事，使人对五色土发生了奇异的感情，仿佛它们是童话里的角色，每一粒土壤都可以叙述一段奇特的故事，或者唱一首美好的诗歌一样。

训练提示

《社稷坛抒情》是中国当代著名作家、杰出的散文家秦牧的一篇优秀散文作品。秦牧的作品题材丰富、形式多样、生动感人，充满了时代精神，深受海内外读者的喜爱。

在练习这篇散文时，心态要平和，态度要温和，呼吸要从容，语言节奏要适中，口腔状态既要轻松也要积极，吐字要清晰，用声以实为主，虚实结合。

一件小事

鲁 迅

我从乡下跑到京城里，一转眼已经六年了。其间耳闻目睹的所谓国家大事，算起来也很不少；但在我心里，都不留什么痕迹，倘要我寻出这些事的影响来说，便只是增长了我的坏脾气，——老实说，便是教我一天比一天的看不起人。

但有一件小事，却于我有意义，将我从坏脾气里拖开，使我至今忘记不得。

这是民国六年的冬天，大北风刮得正猛，我因为生计关系，不得不一早在路上走。一路几乎遇不见人，好容易才雇定了一辆人力车，教他拉到S门去。不一会，北风小了，路上浮尘早已刮净，剩下一条洁白的大道来，车夫也跑得更快。刚近S门，忽而车把上带着一个人，慢慢地倒了。

跌倒的是一个女人，花白头发，衣服都很破烂。伊从马路上突然向车前横截过来；车夫已经让开道，但伊的破棉背心没有上扣，微风吹着，向外展开，所以终于兜着车把。幸而车夫早有点停步，否则伊定要栽一个大斤斗，跌到头破血出了。

伊伏在地上；车夫便也立住脚。我料定这老女人并没有伤，又没有别人看见，便很怪他多事，要自己惹出是非，也误了我的路。

我便对他说，“没有什么的。走你的罢！”

车夫毫不理会，——或者并没有听到，——却放下车子，扶那老女人慢慢起来，搀着臂膊立定，问伊说：

“你怎么啦?”

“我摔坏了。”

我想，我眼见你慢慢倒地，怎么会摔坏呢，装腔作势罢了，这真可憎恶。车夫多事，也正是自讨苦吃，现在你自己想法去。

车夫听了这老女人的话，却毫不踌躇，仍然搀着伊的臂膊，便一步一步的向前走。我有些诧异，忙看前面，是一所巡警分驻所，大风之后，外面也不见人。这车夫扶着那老女人，便正是向那大门走去。

我这时突然感到一种异样的感觉，觉得他满身灰尘的后影，霎时高大了，而且愈走愈大，须仰视才见。而且他对于我，渐渐的又几乎变成一种威压，甚而至于要榨出皮袍下面藏着的“小”来。

我的活力这时大约有些凝滞了，坐着没有动，也没有想，直到看见分驻所里走出一个巡警，才下了车。

巡警走近我说，“你自己雇车罢，他不能拉你了。”

我没有思索的从外套袋里抓出一大把铜元，交给巡警，说，“请你给他……”

风全住了，路上还很静。我走着，一面想，几乎怕敢想到自己。

以前的事姑且搁起，这一大把铜元又是什么意思？奖他么？我还能裁判车夫么？我不能回答自己。

这事到了现在，还是时时记起。我因此也时时熬了苦痛，努力的要想到我自己。几年来的文治武力，在我早如幼小时候所读过的“子曰诗云”一般，背不上半句了。独有这一件小事，却总是浮在我眼前，有时反更分明，教我惭愧，催我自新，并且增长我的勇气和希望。

训练提示

《一件小事》是鲁迅先生的现代小说中传颂最广的名篇之一。《一件小事》的特点是短小精悍，内容寓意深刻，全文仅一千字左右，作品通过描写作者在日常生活中遇到的一件小事，歌颂了下层劳动人民崇高的品质，具有深远的社会意义。本篇好似一篇速写画，又近于当代的“小小说”，短小精悍，清新可人而意味深长。

在练习这篇散文时，心态要郑重，神情较为正式、严肃，用声要实，语速要稳，中等偏慢，语调平缓，音量不宜太大，没有太多的大起大伏。

白杨礼赞　　茅　盾

白杨树实在不是平凡的，我赞美白杨树！

当汽车在望不到边际的高原上奔驰，扑入你的视野的，是黄绿错综的一条大毡子；黄的，是土，未开垦的处女土，几十万年前由伟大的自然力堆积而成的黄土高原的外壳；绿的呢，是人类劳力战胜自然的成果，是麦田，和风吹送，翻起了一轮一轮的绿波——这时你会真心佩服昔人所造的两个字“麦浪”，若不是妙手偶得，便确是经过锤炼的语言的精华。黄与绿主宰着，无边无垠，坦荡如砥，这时如果不是宛若并肩的远山的连峰提醒了你，你会忘记了汽车是在高原上行驶，这时你涌起来的感想也许是“雄壮”，也许是“伟大”，诸如此类的形容词。然而同时你的眼睛也许觉得有点倦怠，你对当前的“雄壮”或“伟大”闭了眼，而另一种味儿在你心头潜滋暗长了——“单调”。可不是，单调，有一点儿吧？

然而刹那间，要是你猛抬眼看见了前面远远地有一排，——不，或者甚至只是三五株，一二株，傲然地耸立，像哨兵似的树木的话，那你的恹恹欲睡的情绪又将如何？我那时是惊奇地叫了一声的！

那就是白杨树，西北极普通的一种树，然而实在是不平凡的一种树！

那是力争上游的一种树，笔直的干，笔直的枝。它的干通常是丈把高，像加过人工似的，一丈以内，绝无旁枝。它所有的桠枝一律向上，而且紧紧靠拢，也像加过人工似的，成为一束，绝不旁逸斜出。它的宽大的叶子也是片片向上，几乎没有斜生的，更不用说倒垂了。它的皮光滑而有银色的晕圈，微微泛出淡青色。这是虽在北方风雪的压迫下却保持着倔强挺立的一种树。哪怕只有碗那样粗细，它却努力向上发展，高到丈许、两丈，参天耸立，不折不挠，对抗着西北风。

这就是白杨树，西北极普通的一种树，然而绝不是平凡的树！

它没有婆娑的姿态，没有屈曲盘旋的虬枝，也许你要说它不美，如果美是专指“婆娑”或“旁逸斜出”之类而言，那么，白杨树算不得树中的好女子；但是它伟岸，正直，朴质，严肃，也不缺乏温和，更不用提它的坚强不屈与挺拔，它是树中的伟丈夫！当你在积雪初融的高原上走过，看见平坦的大地上傲然挺立这么一株或一排白杨树，难道你觉得树只是树？难道你就不想到它的朴质，严肃，坚强不屈，至少也象征了北方的农民？难道你竟一点也不联想到，在敌后的广大土地上，到处有坚强不屈，就像这白杨树一样傲然挺立的守卫他们家乡的哨兵？难道你又不更远一点想到这样枝枝叶叶靠紧团结，力求上进的白杨树，宛然象征了今天在华北平原纵横决荡用血写出新中国历史的那种精神和意志？

白杨不是平凡的树。它在西北极普遍，不被人重视，就跟北方农民相似；它有极强的生命力，磨折不了，压迫不倒，也跟北方的农民相似。我赞美白杨树，就因为它不但象征了北方的农民，尤其象征了今天我们民族解放斗争中所不可缺的朴质，坚强，力求上进的精神。

让那些看不起民众，贱视民众，顽固的倒退的人们去赞美那贵族化的楠木，去鄙视这极常见，极易生长的白杨吧，我要高声赞美白杨树！

训练提示

《白杨礼赞》写于1941年3月，是茅盾先生根据自己在赴延安途中的所见所闻和感受创作的一篇散文。本文采用象征手法，通过对白杨树不平凡形象的赞美，歌颂了中国共产党领导下的抗日军民和整个中华民族紧密团结，力求上进，坚贞不屈的革命精神和斗争意志。

在练习这篇散文时，声音要明朗、扎实，节奏平稳，口腔控制较为有力，语速以中速为好，同时，心态要平稳，神态要端正。在文章的后半部分，语速要稳中有快，节奏感较强，语调多上扬，吸气要深，呼气要持久、有力。

三、演讲

我有一个梦想

（美）马丁·路德·金

100年前，一位伟大的美国人签署了解放黑奴宣言，今天我们就是在他的雕像前集会。这一庄严宣言犹如灯塔的光芒，给千百万在那摧残生命的不义之火中受煎熬的黑奴带来了希望。它之到来犹如欢乐的黎明，结束了束缚黑人的漫漫长夜。

然而100年后的今天，我们必须正视黑人还没有得到自由这一悲惨的事实。100年后的今天，在种族隔离的镣铐和种族歧视的枷锁下，黑人的生活备受压榨。100 年后的今天，黑人仍生活在物质充裕的海洋中一个穷困的孤岛上。100 年后的今天，黑人仍然萎缩在美国社会的角落里，并且意识到自己是故土家园中的流亡者。今天我们在这里集会，就是要把这种骇人听闻的情况公之于众。

就某种意义而言，今天我们是为了要求兑现诺言而汇集到我们国家的首都来的。我们共和国的缔造者草拟宪法和独立宣言的气壮山河的词句时，曾向每一个美国人许下了诺言，他们承诺给予所有的人以生存、自由和追求幸福的不可剥夺的权利。

就有色公民而论，美国显然没有实践她的诺言。美国没有履行这项神圣的义务，只是给黑人开了一张空头支票，支票上盖着“资金不足”的戳子后便退了回来。但是我们不相信正义的银行已经破产，我们不相信，在这个国家巨大的机会之库里已没有足够的储备。因此今天我们要求将支票兑现——这张支票将给予我们宝贵的自由和正义的保障。

我们来到这个圣地也是为了提醒美国，现在是非常急迫的时刻。现在决非侈谈冷静下来或服用渐进主义的镇静剂的时候。现在是实现民主的诺言的时候。现在是从种族隔离的荒凉阴暗的深谷攀登种族平等的光明大道的时候，现在是向上帝所有的儿女开放机会之门的时候，现在是把我们的国家从种族不平等的流沙中拯救出来，置于兄弟情谊的磐石上的时候。

如果美国忽视时间的迫切性和低估黑人的决心，那么，这对美国来说，将是致命伤。自由和平等的爽朗秋天如不到来，黑人义愤填膺的酷暑就不会过去。1963 年并不意味着斗争的结束，而是开始。有人希望，黑人只要撒撒气就会满足；如果国家安之若素，毫无反应，这些人必会大失所望的。黑人得不到公民的权利，美国就不可能有安宁或平静，正义的光明的一天不到来，叛乱的旋风就将继续动摇这个国家的基础。

但是对于等候在正义之宫门口的心急如焚的人们，有些话我是必须说的。在争取合法地位的过程中，我们不要采取错误的做法。我们不要为了满足对自由的渴望而抱着敌对和仇恨之杯痛饮。我们斗争时必须永远举止得体，纪律严明。我们不能容许我们的具有崭新内容的抗议蜕变为暴力行动。我们要不断地升华到以精神力量对付物质力量的崇高境界中去。

现在黑人社会充满着了不起的新的战斗精神，但是不能因此而不信任所有的白人。因为我们的许多白人兄弟已经认识到，他们的命运与我们的命运是紧密相连的，他们今天参加游行集会就是明证。他们的自由与我们的自由是息息相关的。我们不能单独行动。

当我们行动时，我们必须保证向前进。我们不能倒退。现在有人问热心民权运动的人，“你们什么时候才能满足？”

只要黑人仍然遭受警察难以形容的野蛮迫害，我们就绝不会满足。

只要我们在外奔波而疲乏的身躯不能在公路旁的汽车旅馆和城里的旅馆找到住宿之所，我们就绝不会满足。

只要黑人的基本活动范围只是从少数民族聚居的小贫民区转移到大贫民区，我们就绝不会满足。

只要密西西比仍然有一个黑人不能参加选举，只要纽约有一个黑人认为他投票无济于事，我们就绝不会满足。

不！我们现在并不满足，我们将来也不满足，除非正义和公正犹如江海之波涛，汹涌澎湃，滚滚而来。

我并非没有注意到，参加今天集会的人中，有些受尽苦难和折磨，有些刚刚走出窄小的牢房，有些由于寻求自由，曾在居住地惨遭疯狂迫害的打击，并在警察暴行的旋风中摇摇欲坠。你们是人为痛苦的长期受难者。坚持下去吧，要坚决相信，忍受不应得的痛苦是一种赎罪。

让我们回到密西西比去，回到亚拉巴马去，回到南卡罗来纳去，回到佐治亚去，回到路易斯安那去，回到我们北方城市中的贫民区和少数民族居住区去，要心中有数，这种状况是能够也必将改变的。我们不要陷入绝望而不克自拔。

朋友们，今天我对你们说，在此时此刻，我们虽然遭受种种困难和挫折，我仍然有一个梦想，这个梦想是深深扎根于美国的梦想中的。

我梦想有一天，这个国家会站立起来，真正实现其信条的真谛："我们认为这些真理是不言而喻的，人人生而平等。"

我梦想有一天，在佐治亚的红山上，昔日奴隶的儿子将能够和昔日奴隶主的儿子坐在一起，共叙兄弟情谊。

我梦想有一天，甚至连密西西比州这个正义匿迹，压迫成风，如同沙漠般的地方，也将变成自由和正义的绿洲。

我梦想有一天，我的四个孩子将在一个不是以他们的肤色，而是以他们的品格优劣来评价他们的国度里生活。

我今天有一个梦想。我梦想有一天，亚拉巴马州能够有所转变，尽管该州州长现在仍然满口异议，反对联邦法令，但有朝一日，那里的黑人男孩和女孩将能与白人男孩和女孩情同骨肉，携手并进。

我今天有一个梦想。

我梦想有一天，幽谷上升，高山下降；坎坷曲折之路成坦途，圣光披露，满照人间。

这就是我们的希望。我怀着这种信念回到南方。有了这个信念，我们将能从绝望之岭劈出一块希望之石。有了这个信念，我们将能把这个国家刺耳的争吵声，改变成为一支洋溢手足之情的优美交响曲。

有了这个信念，我们将能一起工作，一起祈祷，一起斗争，一起坐牢，一起维护自由；因为我们知道，终有一天，我们是会自由的。

在自由到来的那一天，上帝的所有儿女们将以新的含义高唱这支歌："我的祖国，美丽的自由之乡，我为您歌唱。您是父辈逝去的地方，您是最初移民的骄傲，让自由之声响彻每个山冈。"

如果美国要成为一个伟大的国家，这个梦想必须实现。让自由之声从新罕布什尔州的巍峨的崇山峻岭响起来！让自由之声从纽约州的崇山峻岭响起来！

让自由之声从科罗拉多州冰雪覆盖的落基山响起来！让自由之声从加利福尼亚州蜿蜒的群峰响起来！不仅如此，还要让自由之声从佐治亚州的石岭响起来！让自由之声从田纳西州的瞭望山响起来！

让自由之声从密西西比的每一座丘陵响起来！让自由之声从每一片山坡响起来。

当我们让自由之声响起来，让自由之声从每一个大小村庄、每一个州和每一个城市响起来时，我们将能够加速这一天的到来，那时，上帝的所有儿女，黑人和白人，犹太教徒和非犹太教徒，耶稣教徒和天主教徒，都将手携手，合唱一首古老的黑人灵歌："终于自由啦！终于自由啦！感谢全能的上帝，我们终于自由啦！"

训练提示

马丁·路德·金是美国著名的黑人人权运动领袖。1963年8月28日，华盛顿特区组织了一次25万人的集会，要求种族平等。马丁·路德·金向成千上万的黑人发表了一篇演说，这就是《我有一个梦想》。

在练习《我有一个梦想》时，用声以实声为主，少用或不用虚声，音量较大；声音多集中在中音区，胸腔和头腔共鸣也要适当使用；语速稳中有快，节奏感较强，语调多上扬；感情激昂，内心充满自信和激动。

对日宣战演说

（美）罗斯福

副总统先生、议长先生、参众两院各位议员：

昨天，1941年12月7日——必须永远记住这个耻辱的日子——美利坚合众国受到了日本帝国海空军突然的蓄意的进攻。美国和日本是和平相处的，根据日本的请求仍在同它的政府与天皇进行会谈，以期维护太平洋和平。实际上，就在日本空军中队已经开始轰炸美国瓦湖岛之后的一小时，日本驻美国大使还向我们的国务卿提交了对美国最近致日方信函的正式答复。虽然复函声称继续现行外交谈判似已无用，但并未包含有关战争或武装进攻的威胁或暗示。

历史将会证明，夏威夷距日本这么遥远，表明这次进攻是经过许多天或甚至许多个星期精心策划的。在此期间，日本政府蓄意以虚伪的声明和表示继续维护和平的愿望来欺骗美国。

昨天对夏威夷岛的进攻给美国海陆军部队造成了严重的损害。我遗憾地告诉各位，很多美国人丧失了生命，此外，据报，美国船只在旧金山和火奴鲁鲁（檀香山）之间的公海上也遭到了鱼雷袭击。

昨天，日本政府已发动了对马来亚的进攻。

昨夜，日本军队进攻了香港。

昨夜，日本军队进攻了关岛。

昨夜，日本军队进攻了菲律宾群岛。

昨夜，日本人进攻了威克岛。

今晨，日本人进攻了中途岛。

因此，日本在整个太平洋区域采取了突然的攻势。昨天和今天的事实不言自明。美国的人民已经形成了自己的见解，并且十分清楚这关系到我们国家的安全和生存的本身。

作为陆海军总司令，我已指示，为了我们的防务采取一切措施。

但是，我们整个国家都将永远记住这次对我们进攻的性质。不论要用多长时间才能战胜这次预谋的入侵，美国人民以自己的正义力量一定要赢得绝对的胜利。

我们现在预言，我们不仅要做出最大的努力来保卫我们自己，我们还将确保这种形式的背信弃义永远不会再危及我们。我这样说，相信是表达了国会和人民的意志。

敌对行动已经存在。毋庸讳言，我国人民、我国领土和我国利益都处于严重危险之中。

相信我们的武装部队——依靠我国人民的坚定决心——我们将取得必然的胜利，愿上帝帮助我们！我要求国会宣布：自 1941 年 12 月 7 日星期日日本发动无端的、卑鄙的进攻时起，美国和日本帝国之间已处于战争状态。

训练提示

富兰克林·罗斯福总统是美国历史上最伟大的总统之一。《对日宣战演说》是罗斯福总统一次具有历史意义的演讲。从某种意义上来说，这篇演讲改变了历史的进程。

在练习这篇演讲稿时，要有一种自信、稳重、镇定的感觉，声音全部用实声，主要集中在中音区，兼带有一定的胸音色彩；神态要端正，不可轻浮，有一种邪不压正的感觉；语速总体不快不慢，但根据演讲稿的内容，也应有快慢的变化、快慢的结合。需要注意的是要以理服人，不可高声喊叫。

热血、辛劳、眼泪和汗水

（英）丘吉尔

星期五晚上，我接受了英王陛下的委托，组织新政府。这次组阁，应包括所有的政党，既有支持上届政府的政党，也有上届政府的反对党，显而易见，这是议会和国家的希望与意愿。我已完成了此项任务中最重要的部分。战时内阁业已成立，由 5 位阁员组成，其中包括反对党的自由主义者，代表了举国一致的团结。三党领袖已经同意加入战时内阁，或者担任国家高级行政职务。三军指挥机构已加以充实。由于事态发展的极端紧迫感和严重性，仅仅用一天时间完成此项任务，是完全必要的。其他许多重要职位已在昨天任命。我将在今天晚上向英王陛下呈递补充名单，并希望于明日一天完成对政府主要大臣的任命。其他一些大臣的任命，虽然通常需要更多一点的时间，但是，我相信会议再次开会时，我的这项任务将告完成，而且本届政府在各方面都将是完整无缺的。

我认为，向下院建议在今天开会是符合公众利益的。议长先生同意这个建议，并根据下院决议所授予他的权力，采取了必要的步骤。今天议程结束时，建议下院休会到 5 月 21 日星期二。当然，还要附加规定，如果需要的话，可以提前复会。下周会议所要考虑的议题，将尽早通知全体议员。现在，我请求下院，根据以我的名义提出的决议案，批准已采取的各项步骤，将它记录在案，并宣布对新政府的信任。

组成一届具有这种规模和复杂性的政府，本身就是一项严肃的任务。但是大家一定要记住，我们正处在历史上一次最伟大的战争的初期阶段，我们正在挪威和荷兰的许多地方进行战斗，我们必须在地中海地区做好准备。空战仍在继续，众多的战备工作必须在国内完成。在这危急存亡之际，如果我今天没有向下院做长篇演说，我希望能够得到你们的宽恕。我还希望，因为这次政府改组而受到影响的任何朋友和同事，或者以前的同事，会对礼节上的不周之处予以充分谅解，这种礼节上的欠缺，到目前为止是在所难免的。正如我曾对参加本届政府的成员所说的那样，我要向下院说："我没什么可以奉献，有的只是热血、辛劳、眼泪和汗水。"

摆在我们面前的，是一场极为痛苦的严峻的考验。在我们面前，有许多许多漫长的斗争和苦难的岁月。你们问：我们的政策是什么？我要说，我们的政策就是用我们全部能力，用上帝所给予我们的全部力量，在海上、陆地和空中进行战争，同一个在人类黑暗悲惨的罪恶史上所从未有过的穷凶极恶的暴政进行战争。这就是我们的政策。你们问：我们的目标是什么？我可以用一个词来回答：胜利——不惜一切代价，去赢得胜利；无论多么可怕，也要赢得胜利；无论道路多么遥远和艰难，也要赢得胜利。因为没有胜利，就不能生存。大家必须认识到这一点：没有胜利，就没有英帝国的存在，就没有英帝国所代表的一切，就没有促使人类朝着自己目标奋勇前进这一世代相传的强烈欲望和动力。但是当我挑起这个担子的时候，我是心情愉快、满怀希望的。我深信，人们不会听任我们的事业遭受失败。此时此刻，我觉得我有权利要求大家的支持，我要说："来吧，让我们同心协力，一道前进。"

训练提示

温斯顿·丘吉尔是第二次世界大战期间带领英国人民取得反法西斯战争伟大胜利的民族英雄。丘吉尔多才多艺，戴有许多流光溢彩的桂冠，1953年他曾被授予诺贝尔文学奖。在丘吉尔一生所经历的多次议员竞选、议会辩论中，尤其是在第二次世界大战中的重要时刻，他进行了多次重要的演讲，给人们留下了极深的印象。《热血、辛劳、眼泪和汗水》就是丘吉尔一次著名的演讲。

在练习时，全部用实声，不用虚声；口腔控制要有力；内心要有正义感，要有极强的感染力和动员力，让人听后要热血沸腾，有一种特别的冲动，能够起到增强信心，振奋人心的效果。

最后一次讲演 闻一多

这几天，大家晓得，在昆明出现了历史上最卑劣最无耻的事情！李先生究竟犯了什么罪，竟遭此毒手？他只不过用笔写写文章，用嘴说说话，而他所写的，所说的，都无非是一个没有失掉良心的中国人的话！大家都有一支笔，有一张嘴，有什么理由拿出来讲啊！有事实拿出来说啊！（声音激动）为什么要打要杀，而且又不敢光明正大地来打来杀，而偷偷摸摸地来暗杀！（鼓掌）这成什么话？（鼓掌）

今天，这里有没有特务？你站出来！是好汉的站出来！你出来讲！凭什么要杀死李先生？（厉声。热烈地鼓掌）杀死了人，又不敢承认，还要诬蔑人，说什么“桃色事件”，说什么共产党杀共产党，无耻啊！无耻啊！（热烈地鼓掌）这是某集团的无耻，恰是李先生的光荣！李先生在昆明被暗杀是李先生留给昆明的光荣！也是昆明人的光荣！（鼓掌）

去年“一二·一”昆明青年学生为了反对内战，遭受屠杀，那算是青年的一代献出了他们最宝贵的生命！现在李先生为了争取民主和平而遭受了反动派的暗杀，我们骄傲一点说，这算是像我这样大年纪的一代，我们的老战友，献出了最宝贵的生命！这两桩事发生在昆明，这算是昆明无限的光荣！（热烈地鼓掌）

反动派暗杀李先生的消息传出以后，大家听了都悲愤痛恨。我心里想，这些无耻的东西，不知他们是怎么想法，他们的心理是什么状态，他们的心是怎样长的！（捶击桌子）其实很简单，他们这样疯狂地来制造恐怖，正是他们自己在慌啊！在害怕啊！所以他们制造恐怖，其实是他们自己在恐怖啊！特务们，你们想想，你们还有几天？你们完了，快完了！你们以为打伤几个，杀死几个，就可以了事，就可以把人民吓倒了吗？其实广大的人民是打不尽的，杀不完的！要是这样可以的话，世界上早没有人了。

你们杀死一个李公朴，会有千百万个李公朴站起来！你们将失去千百万的人民！你们看着我们人少，没有力量？告诉你们，我们的力量大得很，强得很！看今天来的这些人，都是我们的人，都是我们的力量！此外还有广大的市民！我们有这个信心：人民的力量是要胜利的，真理是永远存在的。历史上没有一个反人民的势力不被人民毁灭的！希特勒、墨索里尼，不都在人民面前倒下去了吗？翻开历史看看，你们还站得住几天！你们完了，快完了！我们的光明就要出现了。我们看，光明就在我们眼前，而现在正是黎明之前那个最黑暗的时候。我们有力量打破这个黑暗，争到光明！我们的光明，就是反动派的末日！（热烈地鼓掌）

李先生的血不会白流的！李先生赔上了这条性命，我们要换来一个代价。“一二·一”四烈士倒下了，年轻的战士们的血换来了政治协商会议的召开；现在李先生倒下了，他的血要换取政协会议的重开！（热烈地鼓掌）我们有这个信心！（鼓掌）

“一二·一”是昆明的光荣，是云南人民的光荣。云南有光荣的历史，远的如护国，这不用说了，近的如“一二·一”，都是属于云南人民的。我们要发扬云南光荣的历史！（听众表示接受）

反动派挑拨离间，卑鄙无耻，你们看见联大走了，学生放暑假了，便以为我们没有力量了吗？特务们！你们错了！你们看见今天到会的一千多青年，又握起手来了，我们昆明的青年决不会让你们这样蛮横下去的！

反动派，你看见一个倒下去，可也看得见千百个继起的！

正义是杀不完的，因为真理永远存在！（鼓掌）

历史赋予昆明的任务是争取民主和平，我们昆明的青年必须完成这任务！

我们不怕死，我们有牺牲的精神！我们随时像李先生一样，前脚跨出大门，后脚就不准备再跨进大门！（长时间热烈地鼓掌）

训练提示

《最后一次讲演》是闻一多先生在爱国民主人士李公朴先生殉难的追悼会上做的一次震撼全国的即席演讲。《最后一次讲演》开篇就开门见山，直奔主题，并且在演讲过程中用事实说话，以理服人。此外，闻一多在《最后一次讲演》中还运用了丰富的语言表现手法，如运用了很多感叹句和反诘句。感叹语句，简洁而有力，表达效果强烈；反诘句则加强了肯定的语气，使感情表达更加强烈。演讲最后，铿锵有力，震撼人心。

在练习时，用声以中音区为主，气息饱满；语速稳中有快，节奏感强，语势跌宕起伏；情绪要悲愤激昂，但要有度，要有克制，不能声嘶力竭，大声喊叫。

主要参考书目

徐通锵：《语言学是什么》，北京大学出版社，2007年1月版。

游汝杰：《中国文化语言学引论（修订版）》，上海辞书出版社，2003年4月版。

国家语言文字工作委员会普通话培训测试中心编制：《普通话水平测试实施纲要》，商务印书馆，2005年1月版。

张颂主编：《中国播音学》，北京广播学院出版社，1994年10月版。

王璐编著：《播音员、主持人训练手册——语音发声》，中国传媒大学出版社，2007年11月版。

再版后记

此次再版，已经离第一次出版过去七年多了。这七年多来，《跟我说普通话》受到了国内外媒体、有关部门和广大读者太多的喜爱和欢迎。当当网做的读者调查显示，高达百分之九十七点八的读者强烈推荐购买，新华书店和各大销售网竟然多次出现断货的情况，真是一时间“洛阳纸贵”。

《跟我说普通话》是入选国家农村书屋工程的重点推荐书籍，根据原著改编制作的同名电视教学片荣获了中国首届高校电视奖金奖，还于 2015 年配合习近平主席访问英国，并通过英国主流媒体向欧洲 45 个国家播出。这一切都让我欣慰，也让我深深感激所有帮助过我的老师和朋友们。

在这里，我需要特别强调的是，发音准确是说好普通话的关键，在这方面一定要下工夫去掌握。此外，语言来自于实践，也需要在实践中掌握和运用，我们在学习了普通话的基本知识后，要敢于去说、去讲，在实践中进步和提高。

最后，再次感谢所有帮助过我的老师和朋友们！感谢为此次再版付出艰辛劳动的中国国际广播出版社的领导及编辑们。

王浩瑜

2016 年 6 月 21 日夏至